Christian Brückner / Thomas Weibel
Die erbrechtlichen Klagen

Die erbrechtlichen Klagen

von

Christian Brückner
Dr. iur., Professor an der Universität Basel
Advokat und Notar, LL.M.

und

Thomas Weibel
Dr. iur., Advokat, LL.M.

2., vollständig überarbeitete Auflage

Schulthess § 2006

Bibliografische Information ‹Der Deutschen Bibliothek›

Die Deutsche Bibliothek verzeichnet diese Publikation in der Deutschen Nationalbibliografie; detaillierte bibliografische Daten sind im Internet über ‹http://dnb.ddb.de› abrufbar.

Alle Rechte, auch die des Nachdrucks von Auszügen, vorbehalten. Jede Verwertung ist ohne Zustimmung des Verlages unzulässig. Dies gilt insbesondere für Vervielfältigungen, Übersetzungen, Mikroverfilmungen und die Einspeicherung und Verarbeitung in elektronische Systeme.

© Schulthess Juristische Medien AG, Zürich · Basel · Genf 2006
ISBN 3 7255 5119 7

www.schulthess.com

Inhaltsverzeichnis

1.	**Einleitung**	9
	1.1 Gegenstand der Darstellung	9
	1.2 Überblick über die wichtigsten Streitkonstellationen	9
	1.3 Zitierweise	10
2.	**Ungültigkeitsklage (= Anfechtung des Testaments oder Erbvertrags, Art. 519 ZGB)**	12
3.	**Durchsetzung von Informationsansprüchen**	19
	3.1 Einleitung	19
	3.2 Auskunftsklage gegen Miterben und Empfänger lebzeitiger Zuwendungen	19
	3.3 Akteneditionsbegehren gegen ehemalige Vertragspartner des Erblassers, insbesondere Banken	25
4.	**Herabsetzungsklage**	34
	4.1 Einleitung	34
	4.2 Testament oder Erbvertrag als Anfechtungsobjekt (Art. 522–526 ZGB)	39
	4.3 Lebzeitige Zuwendung als Anfechtungsobjekt (Art. 527–533 ZGB)	45
5.	**Klage auf Feststellung oder Aberkennung der Erbenqualität bestimmter Personen**	51
6.	**Erbschaftsklage (Art. 598–600 ZGB)**	53
7.	**Ausgleichungsklage (Art. 626 ff. ZGB)**	65
8.	**Erbteilungsklage**	79
	8.1 Vorausklage: Klage auf Tilgung der Nachlassschulden (Art. 610 Abs. 3 ZGB)	86
	8.2 Teilungsklage	89
	8.2.1 Gesamtklage (allgemeine Erbteilungsklage)	90
	8.2.2 Partielle Teilungsklage	96
9.	**Klage auf Vollzug des Erbteilungsvertrags**	99
10.	**Anfechtung des Teilungsvertrags (Art. 638 ZGB)**	103
11.	**Vermächtnisklage (Art. 601 ZGB)**	105
12.	**Gesuch um amtliche Liquidation der Erbschaft (Art. 593/594 ZGB)**	109

13.	Vollziehungsklage bei erbrechtlichen Auflagen (Art. 482 ZGB)	114
14.	Streit zwischen Miterben über Fragen der Nachlassverwaltung	118
	14.1 Einleitung	118
	14.2 Gesuch um Bestellung eines Erbenvertreters (Art. 602 Abs. 3 ZGB)	121
	14.3 Beschwerdeführung gegen Handlungen des Erbenvertreters	123
15.	Rechtsbehelfe gegen den Willensvollstrecker	126
16.	Beispiel einer kombinierten Teilungs-, Ausgleichungs- und Herabsetzungskonstellation (2 Klagen)	135

Vorbemerkung

Die vorliegende Arbeit ist die vollständig überarbeitete und ergänzte zweite Auflage des 1999 erschienenen Werks. Die Verfasser danken Herrn lic. iur. André Equey und Herrn stud. iur. Patrick Gerster für die Durchsicht des Manuskripts und dessen Nachführung auf den Stand vom 30. Juni 2005. Grosser Dank gebührt auch Dr. Andreas Flückiger, Advokat und Notar, für zahlreiche wertvolle Hinweise und Anregungen.

1. Einleitung

1.1 Gegenstand der Darstellung

In der vorliegenden Darstellung wird eine Reihe erbrechtlicher Fragen aus der Optik der Prozesssituation beleuchtet. Den Hauptteil machen jene zivilprozessualen Rechtsbehelfe aus, die am *forum hereditatis,* d.h. am letzten Wohnsitz des Erblassers anzubringen sind[1]. 1

Im Sinne einer knappen Wegleitung für den Praktiker werden die einzelnen Rechtsbehelfe nach einheitlichem Muster vorgestellt. Die Formulierungsvorschläge für die Rechtsbegehren entsprechen der Basler Praxis (Sätze im Konjunktiv der indirekten Rede: «*Es sei der Beklagte ... zu verurteilen*»). Die Rechtsbegehren betreffend die Kostenfolgen werden jeweils nicht dargestellt; enthalten sind hingegen Ausführungen zum massgeblichen Streitwert. 2

Das bäuerliche Erbrecht wird nicht behandelt; auf internationalprivatrechtliche Aspekte bei Belegenheit der Erbschaft in mehreren Staaten, ausländischer Nationalität oder ausländischem letztem Domizil des Erblassers oder einzelner Erben wird in der Regel nicht eingetreten; diesbezüglich wird auf Art. 86–95 IPRG verwiesen, für die güterrechtliche Auseinandersetzung infolge Todes auf Art. 51 lit. a IPRG. 3

1.2 Überblick über die wichtigsten Streitkonstellationen

Wer ist Erbe? → Ungültigkeitsklage (Art. 519 ZGB, vgl. hinten Rz. 10 ff.) (evtl.: Klagen um die Auslegung des Testaments oder um Berichtigung von Zivilstandsregistrierungen, d.h. Feststellung einer auf Verwandtschaft gegründeten Erbenqualität; die zuletzt genannten Situationen werden nicht behandelt). 4

Was gehört zur Erbschaft? (Behändigen der Erbschaftsaktiven von Dritten) → Erbschaftsklage (Art. 598 ZGB; vgl. hinten Rz. 111 ff.) 5

---

[1] Art. 18 des Gerichtsstandsgesetzes (GestG), mit Wirkung ab 1. Januar 2001 an die Stelle von Art. 538 Abs. 2 ZGB getreten.

6 **Wie viel hat jeder Pflichtteilserbe mindestens zugute?** → Herabsetzungsklage (Art. 522 ZGB; vgl. hinten Rz. 60 ff.)

7 **Teilung der Erbschaft: Wer erhält was?** → Erbteilungsklage (Art. 604 Abs.1 ZGB; vgl. hinten Rz. 167 ff.), evtl. verbunden mit Ausgleichungsbegehren; ausnahmsweise selbständige Ausgleichungsklage (Art. 626 ZGB; vgl. hinten Rz. 142 ff.).

8 **Welche Verwaltungshandlungen sind während der Dauer der Erbengemeinschaft vorzunehmen?** (Vorgehen bei Handlungsunfähigkeit der Erbengemeinschaft wegen Dissenses über die vorzunehmenden Verwaltungshandlungen) → Begehren an die zuständige Behörde um amtliche Einsetzung eines Erbenvertreters gemäss Art. 602 Abs. 3 ZGB (vgl. hinten Rz. 287 ff.).

1.3 Zitierweise

9 In der vorliegenden Darstellung gilt folgende Zitierweise:

- DRUEY JEAN-NICOLAS, Grundriss des Erbrechts, 5.A., Bern 2002, zitiert: DRUEY [2002]

- EITEL PAUL, Berner Kommentar zu Art. 626–632 ZGB, Bern 2004, zitiert: BK-EITEL [2004]

- ESCHER ARNOLD, Zürcher Kommentar zu Art. 457–536 ZGB (Zürich 1959) und zu Art. 537–640 ZGB (Zürich 1960), zitiert: ZK-ESCHER [1959 bzw. 1960]

- HONSELL HEINRICH/VOGT NEDIM PETER/GEISER THOMAS (Hrsg.), Schweizerisches Zivilgesetzbuch II, Kommentar zu Art. 457–977 ZGB und zu Art. 1–61 SchlT ZGB, 2.A., Basel/Genf/München 2003, zitiert: BSK-*Autor* (BSK-FORNI/PIATTI, BSK-HUWILER, BSK-KARRER, BSK-SCHAUFELBERGER, BSK-SCHWANDER, BSK-STAEHELIN) [2003]

- JOST ARTHUR, Der Erbteilungsprozess im schweizerischen Recht, Bern 1960, zitiert: JOST [1960]

- MÜLLER THOMAS/WIRTH MARKUS (Hrsg.), Kommentar zum Bundesgesetz über den Gerichtsstand in Zivilsachen, Zürich 2001, zitiert ZK-*Autor* (ZK-GRÜNINGER) [2001]

- PIOTET PAUL, Das Erbrecht, Schweizerisches Privatrecht, Bd. IV, 1. Halbband (S. 1–519) Basel 1978, 2. Halbband (S. 520–1072) Basel 1981, zitiert: PIOTET, SPR IV/1 [1978] bzw. IV/2 [1981]
- SEEBERGER LIONEL HARALD, Die richterliche Erbteilung, Freiburger Diss., Zürich 1993, zitiert: SEEBERGER [1993]
- SPÜHLER KARL/TENCHIO LUCA/INFANGER DOMINIK (Hrsg.), Kommentar zum Bundesgesetz über den Gerichtsstand in Zivilsachen (GestG), Basel/Genf/München 2001, zitiert: BSK-*Autor* (BSK-SPÜHLER) [2001]
- TUOR PETER, Berner Kommentar zu Art. 457–536 ZGB, Bern 1952 (Nachdruck 1973), zitiert: BK-TUOR [1952]
- TUOR PETER/PICENONI VITO, Berner Kommentar zu Art. 537–640 ZGB (Bern, 1957–1964, Nachdruck 1984), zitiert: BK-TUOR/PICENONI [1957/1964]
- TUOR PETER/SCHNYDER BERNHARD/SCHMID JÖRG/RUMO-JUNGO ALEXANDRA, Das Schweizerische Zivilgesetzbuch, 12. A., Zürich 2002, zitiert TUOR/SCHNYDER/SCHMID/RUMO-JUNGO [2002]

2. Ungültigkeitsklage (= Anfechtung des Testaments oder Erbvertrags, Art. 519 ZGB)

10 **Vorbemerkung:** Die Ungültigkeitsklage dient der Beanstandung von inhaltlichen und formellen Mängeln einer Verfügung von Todes wegen[2]. Sie führt bei Gutheissung zu einem Gestaltungsurteil. Will der Kläger zugleich die Verurteilung der Beklagten zur Herausgabe des Nachlasses erlangen, so muss er separat oder im gleichen Verfahren (mit Klagenhäufung)[3] die Erbschaftsklage erheben[4]. Liegt der Inhaltsmangel der Verfügung (allein) in einer Pflichtteilsverletzung, so ist nicht Ungültigkeits-, sondern Herabsetzungsklage anzuheben[5].

11 **Gerichtsstand:** Am letzten Wohnsitz des Erblassers (Art. 18 Abs. 1 GestG)[6]. Reicht der Erblasser selber zu seinen Lebzeiten Klage auf Ungültigerklärung eines Erbvertrags ein, so liegt der Gerichtsstand am Wohnsitz des Beklagten[7].

12 **Aktivlegitimation:** Die Aktivlegitimation steht jedem zu, der «als Erbe oder Bedachter» ein (erbrechtliches) *Interesse* an der Ungültigerklärung hat, und zwar jeder dieser Personen einzeln. Die *gesetzlichen Erben* haben die Aktivlegitimation, wenn sie vom Intestatrecht im Falle der Ungültigkeit des Testaments als Nachfolger berufen sind; eine notwendige Streitgenossenschaft besteht zwischen

---

[2] Art. 519 Abs. 1, 520 und 520a bzw. Art. 467–469 und 498 ff. ZGB; zu den Klagegründen vgl. BSK-FORNI/PIATTI [2003], Art. 519/520 N 16 ff.; vgl. auch Zivilgericht Basel-Stadt, 24.10.01, P 1996/572, bzw. die Anmerkungen dazu von DANIEL ABT, in: AJP 2002, 718; BGE 124 III 5.
[3] Vgl. hinten Rz. 111 und 134.
[4] BGE 91 II 327 ff.; ZK-ESCHER [1960], Art. 519 N 8 und Vorbemerkungen zu Art. 598 N 15; BSK-FORNI/PIATTI [2003], Art. 519/520 N 30.
[5] Hinten Rz. 60 ff.; vgl. Art. 516 ZGB.
[6] Vgl. DANIEL ABT, Die Ungültigkeitsklage im Schweizerischen Erbrecht, Diss. Basel 2002, S. 43 ff.; BSK-FORNI/PIATTI [2003], Art. 519 N 5 und 8; ZK-GRÜNINGER [2001], Art. 18 GestG N 16 ff. und 24; BSK-SPÜHLER [2001], Art. 18 GestG N 4; TUOR/SCHNYDER/SCHMID/RUMO-JUNGO [2002], S. 632 f.
[7] Art. 3 GestG; vgl. BSK-FORNI/PIATTI [2003], Art. 519/520 N 8, m.w.H.

ihnen nicht[8], jedoch wirkt die gerichtliche Ungültigerklärung trotz der Gestaltungswirkung des Urteils nur zugunsten der Kläger, wogegen das Testament gegenüber jenen Erben, die nicht geklagt haben, weiterhin seine Gültigkeit behält[9]. Aktivlegitimiert sind auch die als Erben oder Vermächtnisnehmer *Bedachten aus früheren Testamenten,* wenn ihnen bei Aufhebung des aktuellen Testaments ein Vorteil zukäme[10], sowie der in einer früheren Verfügung eingesetzte, in der angefochtenen Verfügung jedoch übergangene *Willensvollstrecker*[11].

Nicht aktivlegitimiert sind hingegen die *Gläubiger* der interessierten Erben, da eine analoge Anwendung von Art. 524 ZGB auf die Ungültigkeitsklage nicht in Betracht kommt[12]. Auch der Erbe, der seinen Erbteil gemäss Art. 635 Abs. 1 ZGB mit dinglicher Wirkung an einen Miterben abgetreten hat, ist nicht mehr zur Ungültigkeitsklage legitimiert[13].

Bei *Erbverträgen,* die anders als Testamente nicht vom Erblasser einseitig widerrufen werden können, sollte – entgegen der wohl h.L., gemäss der die Ungültigkeitsklage in jedem Fall erst *nach* dem Tod des Erblassers angehoben werden kann[14] – nach der hier vertretenen Auffassung auch die Aktivlegitimation des Erblassers zur Anhebung einer (bereits lebzeitigen) Ungültigkeitsklage bejaht werden; der Erblasser mag ein legitimes Interesse haben, mittels eines gerichtlichen Urteils Gewissheit über die Aufhebung des Erbvertrags zu erlangen, die ihm unter Umständen weder ein Widerruf nach Art. 469 Abs. 2 ZGB analog noch die formlose Mitteilung gemäss Art. 31

---

[8] Kantonsgericht Wallis, 1.7.1992 i.S. STEINER/PRAZ, RVJ 1992, 320-328, E. 3a.
[9] Vgl. BGE 81 II 33, 36; ZK-ESCHER [1959], Art. 519 N 6; BSK-FORNI/PIATTI [2003], Art. 519/520 N 30, m.w.H.; PICENONI, SJZ 63/1967, S. 107; ABT [2002], a.a.O. [Fn. 6], S. 57 ff.; PIOTET, SPR IV/1 [1978], S. 274 f.; BK-TUOR [1952], Vorbemerkungen zu Art. 519/521 N 6b; TUOR/SCHNYDER/SCHMID/RUMO-JUNGO [2002], S. 577.
[10] Vgl. BGE 5C.163/2003, 18.9.03, Pra 2004 Nr. 98; DRUEY [2002], § 12 Rz. 48.
[11] ABT [2002], a.a.O. [Fn. 6], S. 59 f.; BSK-FORNI/PIATTI [2003], Art. 519/520 N 25; vgl. BGE 85 II 601.
[12] ABT [2002], a.a.O. [Fn. 6], S. 58; BSK-FORNI/PIATTI [2003], Art. 519/520 N 25.
[13] BSK-FORNI/PIATTI [2003], Art. 519/520 ZGB, unter Hinweis auf einen unveröffentlichten BGE vom 8.11.2001.
[14] Vgl. ABT [2002], a.a.O. [Fn. 6], S. 48, m.w.H.

OR verschaffen würde [15]. Konsequenterweise muss das gleiche Recht auch den Vertragspartnern des Erblassers zugestanden werden [16].

15 **Passivlegitimation:** Die Klage auf Ungültigerklärung des Testaments muss sich gegen jene Personen richten, die aus der angefochtenen Verfügung zum Nachteil des Klägers erbrechtliche Vorteile ziehen, also an ihrer Aufrechterhaltung interessiert sind [17]. Die Kläger müssen nur dann sämtliche Miterben als Beklagte ins Verfahren einbeziehen, wenn der Gegenstand der angefochtenen Verfügung eine unteilbare Einheit bildet [18]. Klagen die Kläger nur gegen einen Teil der Bedachten, so entfaltet das Urteil *nur im Verhältnis zwischen den Prozessparteien* seine Wirkung [19]. Passivlegitimiert ist auch der Willensvollstrecker, aber nur dann, wenn mit der Ungültigkeitsklage seine Einsetzung in Frage gestellt wird [20].

16 Soll eine Auflage [21] oder die Anordnung einer Stiftungserrichtung angefochten werden, dann sind die von der Auflage oder vom Stiftungszweck begünstigten Personen passivlegitimiert. Ist der Kreis der Begünstigten ein offener (z.B. «Förderung des Tennis-Nachwuchses im Kantonsgebiet»), dann ist jene Institution zu eruieren, die am ehesten legitimiert wäre, die Vollziehung der Auflage oder der Stiftungserrichtung einzufordern. Ist keine nach Art. 482 Abs. 1 anspruchsberechtigte Person oder Institution ersichtlich, dann kann die Ungültigkeit der betreffenden Verfügung von Todes wegen nicht auf dem Wege des Zivilprozesses festgestellt werden, weil es an einem passivlegitimierten Beklagten fehlt. Erben und Willensvollstrecker müssen in diesem Falle die Anordnung in eigener Kompetenz ignorieren.

---

[15] Gl.M. PIOTET, SPR IV/1 [1978], S. 279 ff. Vgl. DRUEY [2002], § 10 Rz. 48, m.w.H.
[16] Gl.M. PIOTET, SPR IV/1 [1978], S. 281 f.
[17] BGE 96 II 79, 100; Kantonsgericht Wallis, 4.11.04, RVJ 2005, 146.
[18] Kantonsgericht Wallis, 1.7.1992 i.S. Steiner/Praz, RVJ 1992 320–328, E. 3b; BGE 89 II 429; BGE 97 II 201, 205, E. 3; ABT [2002], a.a.O. [Fn. 6], S. 61.
[19] Vgl. die Hinweise vorn Fn. 9.
[20] BGE 103 II 84, 85; BGE 85 II 597, 601; BSK-FORNI/PIATTI [2003], Art. 519/520 N 28; BSK-KARRER [2003], Art. 518 N 81.
[21] Vgl. dazu hinten Rz. 280.

Befristung: Die Befristung der Ungültigkeitsklage ist in Art. 521 17
ZGB geregelt. Bei den Fristen in Art. 521 ZGB handelt es sich entgegen dem Wortlaut des Gesetzes nicht um Verjährungs-, sondern um von Amtes wegen zu beachtende Verwirkungsfristen. Art. 135 OR und Art. 137 f. OR sind somit auf die Fristen gemäss Art. 521 ZGB nicht, Art. 139 OR nur analog anwendbar[22].

– Die einjährige relative Frist beginnt mit (wirklicher und zuverlässiger) Kenntnis der Verfügung und des Ungültigkeitsgrundes, frühestens jedoch mit Eröffnung des Erbgangs. Ein blosser Verdacht genügt nicht, ebensowenig der Umstand, dass der Kläger den Ungültigkeitsgrund früher hätte erkennen müssen[23].

– Die zehnjährige absolute Frist beginnt i.d.R. mit Eröffnung der Verfügung, bei Erbverträgen mit Eröffnung des Erbgangs[24].

– Aus der unterschiedlichen Anknüpfung der Fristen ergibt sich, dass die beiden Fristen unabhängig voneinander zu laufen beginnen, so dass die eine ablaufen kann, bevor die andere zu laufen begonnen hat[25].

– Bei Bösgläubigkeit des Bedachten gilt die 30jährige Frist; sie beginnt im gleichen Zeitpunkt wie die zehnjährige[26]. Die Einreichung eines Vermittlungsbegehrens gilt als Klageanhebung, wenn

---

[22] BGE 86 II 340, 344 ff.; BGE 98 II 176, 179 ff.; BGE 102 II 193, 196; DRUEY [2002], § 12 Rz. 52; BSK-FORNI/PIATTI [2003], Art. 521 N 1 f.; ZK-GRÜNINGER [2001], Art. 18 GestG N 18; PIOTET, SPR IV/1 [1978], S. 276 f.; TUOR/SCHNYDER/SCHMID/RUMO-JUNGO [2002], S. 576 und 605; **a.M.** ABT [2002], a.a.O. [Fn. 6], S. 45 ff.; ZK-ESCHER [1959], Art. 521 N 1; BK-TUOR [1952], Art. 521 N 1. Vgl. auch BGE 129 III 580 = ZBGR 85 [2004] 350, Anmerkungen dazu von JEAN NICOLAS DRUEY, in: AJP 2004, 328.
[23] Vgl. BGE 91 II 327, 333; BGE 113 II 270, 274; BSK-FORNI/PIATTI [2003], Art. 521 N 2; BK-TUOR [1952], Art. 521 N 4; TUOR/SCHNYDER/SCHMID/RUMO-JUNGO [2002], S. 605.
[24] BGE 53 II 101, 103; BSK-FORNI/PIATTI [2003], Art. 521 N 2.
[25] BSK-FORNI/PIATTI [2003], Art. 521 N 2.
[26] Die Bösgläubigkeit muss allerdings vor Ablauf der einjährigen und der zehnjährigen Verwirkungsfrist eintreten. Die dreissigjährige Frist gilt zudem nur für die Ungültigkeitsgründe der Verfügungsunfähigkeit des Erblassers, der Rechtswidrigkeit und der Unsittlichkeit der Verfügung, nicht jedoch bei Willens- und Formmängeln: ZK-ESCHER [1959], Art. 521 N 9; BSK-FORNI/PIATTI [2003], Art. 521 N 3; BK-TUOR [1952], Art. 521 N 10 und 12.

im Anschluss an das Sühneverfahren fristgerecht Klage erhoben wird, und wenn zudem gemäss kantonalem Prozessrecht entweder der Sühnebeamte bzw. Friedensrichter die Streitsache von Amtes wegen an das Gericht weiterzuleiten hat, oder wenn mit der Einleitung des Sühneverfahrens bereits die Fortführungslast zulasten des Klägers einsetzt[27].

– Da die Ungültigkeitsklage sich stets gegen Verfügungen von Todes wegen richtet, kann sie nur ausnahmsweise zu Lebzeiten des Erblassers angehoben werden[28].

18 Einredeweise kann die Ungültigkeit einer Verfügung jederzeit geltendgemacht werden (Art. 521 Abs. 3 ZGB). Dies hilft allerdings nur den besitzenden Erben[29].

19 **Streitwert:** Als massgeblicher Streitwert ist der potenzielle Prozessgewinn des Klägers im Falle seines Obsiegens zu betrachten[30]. Dessen Umfang ist einerseits anhand eines Vergleichs der angefochtenen Verfügung mit der im Falle der Ungültigerklärung zur Anwendung kommenden früheren Verfügung oder Intestaterbfolge, anderseits anhand des Kreises der Verfahrensbeteiligten zu ermitteln.

---

[27] BGE 130 III 515, E. 3; BGE 98 II 176, 181.
[28] Vgl. vorn Rz. 11 und 14. Vgl. ferner ANDREA KAISER, Pflichtteilsverzicht mit Abfindungsvereinbarung, AJP 2002, 12, 22.
[29] Im Falle der amtlichen Erbschaftsverwaltung sind die von der Nachfolge ausgeschlossenen gesetzlichen Erben weder Besitzer gemäss Art. 560 Abs. 2 ZGB noch vorläufige Besitzer. Ob ihnen in diesem Fall die Ungültigkeitseinrede zusteht, ist umstritten: Ablehnend äussert sich PIOTET, SPR IV/2 [1981], S. 740; für einen generellen Ausschluss der Einrede bei amtlicher Erbschaftsverwaltung Obergericht Zürich, ZBGR 45 [1964], S. 197, 203 f.; für Zulässigkeit der Einrede in allen Fällen amtlicher Erbschaftsverwaltung demgegenüber ZK-ESCHER [1959], Art. 521 N 11; BSK-FORNI/PIATTI [2003], Art. 521 N 4; VITO PICENONI, SJZ 63 [1967], S. 101, 104 f. Jedenfalls zulässig sein dürfte die Ungültigkeitseinrede auch bei amtlicher Erbschaftsverwaltung dann, wenn Erben bereits vor dem Erbgang Vermögenswerte des Erblassers in unmittelbarem Besitz hatten und (ausschliesslich) auf Herausgabe derselben beklagt werden: vgl. ANDREAS FLÜCKIGER, Der Umgang des Willensvollstreckers mit anfechtbaren, nichtigen und unklaren Verfügungen von Todes wegen, in: HANS RAINER KÜNZLE (Hrsg.), Willensvollstreckung – Aktuelle Rechtsprobleme, Referate des Weiterbildungsseminars der Universität St. Gallen vom 30. September 2003, Zürich 2004, S. 81 ff.
[30] Kantonsgericht Wallis, 4.11.04, RVJ 2005, 146.

> **Rechtsbegehren:**
>
> «*1. Die letztwillige Verfügung (*oder: *der Erbvertrag) des/der* ... [Name und Todesdatum des Erblassers] *vom* ... [Spezifikation der angefochtenen Verfügung durch Abschlussort und Datum] *sei ungültig zu erklären.*
>
> 2. **Variante 1 (gesetzlicher Erbe):** *Es sei festzustellen, dass der Kläger als gesetzlicher Erbe zu einem Viertel am Nachlass beteiligt ist;*
>
> **Variante 2 (eingesetzter Erbe):** *Es sei festzustellen, dass der Kläger aufgrund der früheren letztwilligen Verfügung vom* ... [Spezifikation der angefochtenen Verfügung durch Abschlussort und Datum] *als eingesetzter Erbe zu einem Drittel am Nachlass beteiligt ist.*»

Erläuterung: Das Hauptbegehren ist als Gestaltungsbegehren, nicht als Feststellungsbegehren zu formulieren; denn das Urteil hat die angefochtene Verfügung *ex tunc* aufzuheben, nicht bloss deren Rechtswidrigkeit festzustellen.

Der angerufene Ungültigkeits*grund* («infolge Formmangels», «wegen Urteilsunfähigkeit der Erblasserin im Zeitpunkt der Testamentserrichtung» etc.) ist nicht im Rechtsbegehren, sondern in der Klagebegründung zu nennen.

Das hier vorgeschlagene Rechtsbegehren Nr. 2 (Feststellungsbegehren betreffend die aus der Ungültigkeit zugunsten des Klägers und zulasten der Beklagten fliessenden Rechtsfolgen) ist sinnvoll, wenn diese Rechtsfolgen von den Beklagten möglicherweise bestritten werden könnten, ansonsten überflüssig, aber unschädlich. Wer ein überflüssiges Feststellungsbegehren stellt, das in einem gleichzeitig gestellten Leistungs- oder Gestaltungsbegehren aufgeht, hat sich nicht «überklagt» und braucht aus diesem Grunde keine Kostenfolgen zu gewärtigen.

Klage auf Teilungültigerklärung ist möglich[31], etwa wenn nur eine bestimmte Anordnung im Testament wegen Willensmangels des

---

[31] BGE 119 II 208, E. 3.bb.

Erblassers oder wegen Verletzung materiellen Rechts angefochten wird[32].

25 **Anhang: Nichtigkeitsklage** – Im Gegensatz zur Ungültigkeitsklage ist die *Klage auf Feststellung der Nichtigkeit einer letztwilligen Verfügung* eine Feststellungsklage mit Wirkung gegen jedermann, unabhängig davon, ob sämtliche Bedachten als Beklagte genannt werden. Nichtig sind insbesondere gefälschte (von Dritten hergestellte) Testamente, ferner dem Erblasser unter Zwang oder Drohung abgerungene Testamente sowie sinnlose (unverständliche) Testamente, aus denen der erblasserische Wille gar nicht ersichtlich ist. Ob jeder – grundsätzlich mit der Ungültigkeitsklage geltendzumachende – Mangel in Extremfällen zur Nichtigkeit führt, oder ob Nichtigkeitsgründe eine eigene Kategorie bilden, ist umstritten[33]. Da Nichtigkeitsgründe von den mit dem Nachlass befassten Behörden von Amtes wegen zu berücksichtigen sind, ist nicht erforderlich, dass der Kläger sämtliche aus dem nichtigen Testament begünstigten Personen als Streitgenossenschaft ins Recht fasst. Die Nichtigkeitsklage ist unverjährbar, d.h. sie untersteht nicht der Verwirkungsfrist des Art. 521 ZGB[34].

---

[32] BSK-FORNI/PIATTI [2003], Art. 519/520 N 29.
[33] BGE 129 III 580 = ZBGR 85 [2004] 350, Anmerkungen dazu von JEAN NICOLAS DRUEY, in: AJP 2004, 328; vgl. BSK-FORNI/PIATTI [2003], Art. 519/520 N 3 f.; DRUEY [2002], § 12 Rz. 59 ff.; PAUL EITEL, Erbrecht 2003-2005, Rechtsprechung, Gesetzgebung, Literatur, in: STEPHAN WOLF (Hrsg.), Ausgewählte Aspekte der Erbteilung, Bern 2005, S. 121 ff., 125; FLÜCKIGER [2004], a.a.O. [Fn. 29], S. 80 f.
[34] DRUEY [2002], § 12 Rz. 52; BSK-FORNI/PIATTI [2003], Art. 519/520 N 5; FLÜCKIGER [2004], a.a.O. [Fn. 29], S. 81; BGE 90 II 476, 480.

3. Durchsetzung von Informationsansprüchen

3.1 Einleitung

Wie ist vorzugehen, wenn ein Erbe oder wenn sämtliche Erben nach dem Ableben des ehemals wohlsituierten Erblassers vor einem wertlosen oder gar inexistenten Nachlass stehen? Wie ist vorzugehen, wenn in solchen Fällen der Verdacht aufkommt, der Erblasser habe heimliche Leistungen an bestimmte Personen, Sekten, Institutionen gemacht oder sei von solchen Dritten widerrechtlich beeinflusst und ausgeplündert worden – wenn aber die Spuren mittlerweile verwischt und die Beweismittel vernichtet worden sind?

Die Antwort lautet: Für die Ermittlung der Fakten sind die Mittel des Zivilprozesses ungeeignet. Vielmehr braucht es persönlichen Einsatz, Beizug von Privatdetektiven, eventuell Einschaltung der Strafverfolgungsbehörden, sofern Straftatbestände glaubhaft gemacht werden können. Nur wenn konkrete Verdachtsmomente gegenüber benennbaren, vor verlässlichen Gerichten einklagbaren Personen vorliegen, kommt die prozessuale Durchsetzung von Informationsansprüchen überhaupt in Frage. Die nachfolgende Darstellung bezieht sich auf diesen (günstigen) Fall, d.h. auf den Fall, in dem konkrete Verdachtsmomente gegenüber bekannten Personen und Institutionen bereits vorliegen und mit den zivilprozessualen Beweismitteln zumindest glaubhaft gemacht werden können.

3.2 Auskunftsklage gegen Miterben und Empfänger lebzeitiger Zuwendungen

Vorbemerkung: Das Gesetz statuiert die Informationsansprüche der **Erben untereinander** lediglich in lückenhafter Weise[35]: Gemäss Art. 607 Abs. 3 und Art. 610 Abs. 2 ZGB haben alle Erben sich untereinander unaufgefordert gegenseitig alles mitzuteilen, was für die

---

[35] ANDREAS SCHRÖDER, Informationspflichten im Erbrecht, Diss. Basel 2000, S. 126 ff. und 146 ff. Vgl. auch BGE 5C.14/2003, 3. Juli 2003.

Teilung der Erbschaft von Belang sein könnte. Hier geht es um die Grundsätze der Gleichberechtigung der Erben (Art. 610 Abs. 1 ZGB) und der fairen Abwicklung des Nachlasses[36].

29 Die Erben müssen einander gegenseitig, aber auch dem Willensvollstrecker und den Inventarbehörden[37], alles mitteilen, das «bei einer objektiven Betrachtung möglicherweise geeignet erscheint, die Teilung in irgendeiner Weise zu beeinflussen. Dazu gehören ungeachtet der güterrechtlichen Verhältnisse auch lebzeitig vorgenommene Zuwendungen des Erblassers»[38]. Die Erben sollen sich beispielsweise «über Schenkungen des Erblassers zu Lebzeiten, Vorbezüge auf ihren Erbanteil, Darlehen, sonstige Vereinbarungen mit dem Erblasser etc. gegenseitig Auskunft geben, und es sind auch die entsprechenden Unterlagen offen zu legen, z.B. Steuerunterlagen, wie Schenkungssteuerverfügungen, Steuererklärungen oder Bankbelege und schriftliche Vereinbarungen»[39]. Verletzung der Auskunftspflicht kann den betreffenden Erben nach Art. 41 ff. OR haftpflichtig machen oder sogar als Betrug[40] strafbar sein[41]. Die Erben können sich ihrer gegenseitigen Auskunftspflicht nicht mit dem Hinweis entschlagen, dass die Banken regelmässig Auskunft erteilen (vgl. dazu hinten Rz. 41 ff.)[42]. Auch ist ein – ausdrücklicher oder stillschweigender – erblasserischer Dispens von der Auskunftspflicht ausgeschlossen[43].

30 «Unter die Voraussetzung ‹Verhältnis zum Erblasser› (Art. 610 Abs. 2 ZGB) fallen unbestreitbar Vermögensverschiebungen zwischen Erblasser und Erben, wobei lebzeitige Zuwendungen fraglos

---

[36] BSK-Schaufelberger [2003], Art. 610 N 17.
[37] Vgl. BGE 5P.104/1992, 14.8.1992.
[38] BGE 127 III 396 [Entscheid Fontana] = ZBGR 83 [2002] 170, besprochen durch Jean Nicolas Druey in AJP 2002, 210; vgl. auch BGE 90 II 372 f. bzw. Art. 553 und 581 ZGB; BGE 118 II 269, E. 4b/bb; BSK-Karrer [2003], Art. 518 N 18; Tuor/Schnyder/Schmid/Rumo-Jungo [2002], S. 625, 638 und 675; ausführlich Schröder [2000], a.a.O. [Fn. 35], S. 42 ff.
[39] BSK-Schaufelberger [2003], Art. 610 N 18.
[40] Art. 146 StGB.
[41] BSK-Schaufelberger [2003], Art. 607 N 12. Vgl. auch Druey [2002], § 16 Rz. 76; ZK-Escher [1960], Art. 607 ZGB N 12.
[42] BGE 5C.242/2003, 21.4.04; BGE 5P.347/2004, 11.1.05; BGE 127 III 401, E. 3; vgl. Künzle [2002], a.a.O. [Fn. 58], 210.
[43] BK-Tuor/Picenoni [1957/1964], Art. 607 ZGB N 9.

miterfasst sind. Diese müssen mitgeteilt werden, wenn sie die Teilung als objektiv zu beeinflussen geeignet erscheinen. Im Streitfall entscheidet darüber das Gericht, und es hat die Auskunftspflicht schon dort zu bejahen, wo solche Vorgänge stattgefunden haben, die unter irgendeinem Titel bei der Erbteilung in Berücksichtigung fallen könnten, und das Wissen darum zur Gewährleistung der Gleichberechtigung der Erben in der Teilung notwendig scheint. Wie der zu befragende Erbe das gezeigte Verhältnis zum Erblasser qualifiziert, kann im Verfahren um die Auskunftserteilung keine Rolle spielen, da er eine durch dieses Verhältnis mögliche Beeinflussung der Teilung naturgemäss bestreiten wird. Gegenstand jenes Verfahrens bildet zudem nicht die Frage, ob dieses Verhältnis eines Erben zum Erblasser die Teilung tatsächlich beeinflusse – was ohnehin erst nach Auskunftserteilung beurteilt werden könnte –, sondern ob dies allenfalls möglich wäre»[44].

Von Belang für die Erben, aber auch für den Willensvollstrecker und die Inventarbehörden, sind daneben jedoch namentlich auch auf Anfrage hin zu erteilende **Auskünfte von Dritten**, die – wie der Kläger zumindest plausibel zu machen hat[45] – Empfänger lebzeitiger Zuwendungen des Erblassers geworden sind[46]. 31

Gerichtsstand: Für Auskunftsbegehren gegenüber Mitgliedern der Erbengemeinschaft sind die Gerichte am «forum hereditatis» (Art. 18 Abs. 1 GestG) zuständig. Gegenüber Bedachten, die nicht zur Erbengemeinschaft gehören, ist grundsätzlich an deren Wohnsitz bzw. Sitz vorzugehen (Art. 3 GestG). 32

Aktivlegitimation: Jeder gesetzliche oder eingesetzte Erbe selbständig[47], ferner der Willensvollstrecker und der Erbenvertreter gemäss Art. 602 Abs. 3 ZGB sowie die Teilungsbehörde gemäss Art. 607 33

---

[44] PETER BREITSCHMID, HSG-Weiterbildungsstufe vom 4.10.1994; vgl. auch ADRIANO OSWALD, Die Auskunftspflicht im Erbgang, Diss. Zürich 1976, S. 14 ff.; zur spezifischen Informationsnot im Erbrecht vgl. im Übrigen JEAN NICOLAS DRUEY, Information als Gegenstand des Rechts, Zürich/Baden-Baden 1995, S. 336.

[45] Vgl. SCHRÖDER [2000], a.a.O. [Fn. 35], S. 51 f.

[46] In Analogie zu Art. 607 Abs. 3 und 610 Abs. 2 ZGB; SCHRÖDER [2000], a.a.O. [Fn. 35], S. 151 ff.

[47] BGE 89 II 93; SJZ 61 [1965], 355.

Abs. 2 ZGB[48]. Nicht aktivlegitimiert sind demgegenüber blosse Vermächtnisnehmer[49].

34 **Passivlegitimation:** Jeder gesetzliche oder eingesetzte Erbe sowie jeder lebzeitig Bedachte, der nicht zur Erbengemeinschaft gehört, einzeln.

35 **Befristung:** Die Auskunftsklage gegen Miterben ist mindestens während der ganzen Dauer der Erbengemeinschaft möglich[50]. Sie ist jedoch auch nach Vollzug der Erbteilung weiterhin möglich[51], wobei der Kläger zur Plausibilisierung seines Informationsanspruchs immerhin wird glaubhaft machen müssen, dass ihm neue Verdachtsmomente zugekommen sind; bei längerem Zuwarten des Klägers trotz Bestehens neuer Verdachtsmomente liegen möglicherweise ein rechtsmissbräuchliches Verhalten des Klägers oder ein konkludenter Verzicht auf Auskunft vor.

36 Die Auskunftsklage gegen lebzeitig Bedachte, die nicht zur Erbengemeinschaft gehören, muss jedenfalls so lange als zulässig gelten, als ein allfälliger Herausgabeanspruch noch nicht verjährt oder verwirkt ist[52]. Ob ein Herausgabeanspruch noch nicht verjährt oder verwirkt ist, lässt sich freilich oft erst aufgrund der zu erteilenden Auskünfte entscheiden; die Auskunftsklage ist daher – offensichtliche Fälle von Rechtsmissbrauch vorbehalten – grosszügig zuzulassen. Auch hier schliesst jedenfalls der Vollzug der Erbteilung die Auskunftsklage nicht von vornherein aus[53].

37 **Streitwert:** Das Bundesgericht hat in einem älteren Entscheid offen gelassen, ob dem Informationsgesuch der Erben (vorliegend gegen-

---

[48] ZK-Escher [1960], Art. 607 ZGB N 9 und Art. 610 ZGB N 4; BK-Tuor/Schnyder [1957/1964], Art. 610 ZGB N 5; Oswald [1976], a.a.O. [Fn. 44], S. 54; Flückiger [2004], a.a.O. [Fn. 29], S. 95.

[49] Vgl. Druey [2002], § 11 Rz. 22.

[50] Vgl. Schröder [2000], a.a.O. [Fn. 35], S. 56 f., m.w.H.

[51] Vgl. BK-Tuor/Schnyder [1957/1964], Art. 610 ZGB N 5: «Sie besteht **schon vor** der Teilung» [Hervorhebung eingefügt].

[52] Von Bedeutung sind in diesem Zusammenhang vor allem die Befristungen der Herabsetzungsklage (vgl. hinten Rz. 77 ff.) und der Erbschaftsklage (vgl. hinten Rz. 126 ff.).

[53] Vgl. dazu insbesondere hinten Rz. 78.

über dem Willensvollstrecker) überhaupt vermögensrechtlicher Charakter zukommt[54]. Die Frage dürfte grundsätzlich zu bejahen sein, wenn der Kläger mit der Durchsetzung seines Informationsanspruchs im Ergebnis wirtschaftliche Zwecke verfolgt. Der Informationsanspruch ist lediglich präparatorischer Natur, schafft mit anderen Worten lediglich die Voraussetzungen beispielsweise für eine Ausgleichungs- oder Herabsetzungsklage[55]. In Analogie zur deutschen Gerichtspraxis sowie der bundesgerichtlichen Rechtsprechung zur aktienrechtlichen Sonderprüfung ist von einem Bruchteil des vermögenswerten Interesses des Klägers als Streitwert auszugehen[56].

Rechtsbegehren: 38

«Es sei der Beklagte unter Androhung der Bestrafung gemäss Art. 292 StGB mit Haft oder Busse im Widerhandlungsfall zu verurteilen, dem Kläger über sein Verhältnis zum Erblasser, insbesondere über von diesem erhaltene Schenkungen, Vorbezüge und Darlehen sowie über sonstige Vereinbarungen mit dem Erblasser, umfassend Auskunft zu erteilen und die entsprechenden Unterlagen offenzulegen.»

Erläuterung: Auskunftsbegehren haben in dem Sinne präparato- 39
rischen Charakter, dass sie oft erst die Voraussetzungen etwa für eine Erbschafts-, Ausgleichungs- oder Herabsetzungsklage schaffen. Der Anspruch auf Auskunftserteilung ist in diesem Sinne Hilfsanspruch; sofern die Tatsache eines lebzeitigen Vorgangs hinreichend klar ist, während die Höhe oder die genauen Umstände einer Verfügung der Klärung durch die begehrte Auskunftserteilung bedürfen, kann er

---

[54] BGE 90 II 365, 369.
[55] Zu den prozessualen Aspekten des präparatorischen Anspruchs vgl. SCHRÖDER [2000], a.a.O. [Fn. 35], S. 229 ff.
[56] SCHRÖDER [2000], a.a.O. [Fn. 35], S. 217 f., m.w.H. Vgl. BGE 127 III 396, E. 1.b.cc, wo das Bundesgericht die Bedeutung des Streitwerterfordernisses (Art. 46 OG) für das mit einer Teilungsklage verbundene Auskunftsbegehren relativierte.

gegebenenfalls auch direkt als erster Teil einer Stufenklage[57] geltendgemacht werden.

40 Das Auskunftsbegehren eines Erben wird nicht bereits dadurch erfüllt oder gegenstandslos, dass die beklagte Partei sagt, sie wisse nichts oder sie wisse, dass sie selber nichts erhalten hat und dass keine weiteren Nachlassaktiven vorhanden sind. Nur wenn es der festen Überzeugung ist, der Auskunftsbeklagte habe wahrheitsgemäss alles gesagt, was er weiss und wissen kann, kann das Gericht gegebenenfalls das Rechtsschutzinteresse des Klägers verneinen. Das Gericht weiss nie, ob der Auskunftsbeklagte alles gesagt und ob er wahrheitsgemäss Auskunft erteilt hat. Das ist nicht der Gegenstand des Urteils. Das Gericht hat lediglich die Auskunftspflicht als solche festzuhalten und den Beklagten unter Strafandrohung zur Auskunftserteilung zu verpflichten. Wenn der Auskunftsbeklagte im Laufe des Schriftenwechsels einige Informationen gibt und beifügt, mehr wisse er nicht, dann ist damit der Auskunftsanspruch des Klägers nicht erfüllt und also nicht durch Erfüllung untergegangen. Der Kläger hat Anspruch darauf, dass das Gericht die Auskunftspflicht unter Strafandrohung in seinem Urteil festhält. Wenn der Beklagte nach Ergehen dieses Urteils seine Aussage bestätigt, er wisse nichts weiter, muss sich der Kläger bis zur Auffindung allfälliger neuer Beweismittel damit abfinden. Da das Gericht Hemmungen haben dürfte, gegen unbescholtene Personen Strafdrohungen auszusprechen, ist der Kläger wohl beraten, sein Auskunftsbegehren mit Indizien zu unterlegen, wonach der Beklagte in der Vergangenheit bereits Unwahrheiten gesagt hat, unvollständig Auskunft gegeben hat und deshalb auch bisher vermutlich nicht volle und wahrheitsgemässe Auskunft erteilt hat.

---

[57] Zur Stufenklage vgl. PASCAL LEUMAN LIEBSTER, Die Stufenklage im schweizerischen Zivilprozessrecht, Diss. Basel 2005.

3.3 Akteneditionsbegehren gegen ehemalige Vertragspartner des Erblassers, insbesondere Banken

Vorbemerkung: Von zentraler Bedeutung für die Wahrnehmung 41 erbrechtlicher Ansprüche können daneben aber auch **Auskünfte von Dritten** sein, die **mit dem Erblasser in einer vertraglichen Beziehung standen,** sind doch die Erben aufgrund der Universalsukzession zu Rechtsnachfolgern des Erblassers geworden[58]. Das Bankkundengeheimnis[59] verhindert die Auskunftserteilung an die Erben nicht, sind diese doch aufgrund der Universalsukzession selber Geheimnisherren geworden[60].

Am häufigsten wollen Erben **Bankauskünfte,** namentlich beim Ver- 42 dacht von Pflichtteilsverletzungen[61]. Banken erteilen routinemässig Auskunft über den Depot- und Kontenstand sowie die Marchzinsen per Todestag, und zwar an jeden Erben einzeln und (konkurrierend) auch an den Willensvollstrecker[62], nicht jedoch an Vermächtnisnehmer[63]. Hat der Erblasser keinen Geheimhaltungswillen erkennen lassen, und geht es auch nicht um höchstpersönliche Daten des Erblassers[64], so geben die Banken in der Regel weitere Auskünfte, bis zehn Jahre in die Vergangenheit zurück. Aufgrund der jüngeren

---

[58] Vgl. HANS-RAINER KÜNZLE, Der Willensvollstrecker und das Bank- und Postgeheimnis, in: RAINER J. SCHWEIZER, HERBERT BURKERT, URS GASSER (Hrsg.), Festschrift für Jean Nicolas Druey, Zürich 2002, 213 ff.
[59] Art. 47 BankG.
[60] OSWALD [1976], a.a.O. [Fn. 44], S. 55 f., m.w.H.
[61] Vgl. hinten Rz. 42 ff.
[62] Sowie an den Erbschaftsverwalter und -liquidator: BODMER/KLEINER/LUTZ, Kommentar zum Schweizerischen Bankengesetz, Zürich 2004, Art. 47 N 19 und 22 ff.; vgl. bereits BGE 89 II 87, E. 6.
[63] Zirkular Nr. 7195 der Schweizerischen Bankiervereinigung vom 10.9.2002; BODMER/KLEINER/LUTZ, Kommentar zum Schweizerischen Bankengesetz, Zürich 2004, Art. 47 N 24). BODMER/KLEINER/LUTZ, Art. 47 N 17 ff., möchten vererbte Vertragsrechte den Erben nur gemeinsam, den gesetzlichen Anspruch auf Ermittlung des Nachlasses dagegen jedem Erben einzeln zuerkennen – eine subtile Differenzierung, deren praktische Bedeutung gering ist und deren Anwendung dem juristisch ungeschulten Bankpersonal in der Regel kaum zugemutet werden kann.
[64] Vgl. dazu hinten Rz. 56 ff. Vgl. auch DRUEY [2004], § 13 Rz. 16.

Rechtsprechung und Lehre werden nunmehr jedem Erben unabhängig von seiner Pflichtteilsberechtigung auf ausdrückliches Begehren hin Auskünfte über *Transaktionen zu Lebzeiten des Erblassers* und nicht bloss über den *Vermögensstand am Todestag* erteilt[65]. Die vertragliche Auskunftsschuld der Banken umfasst auch Informationen, die dem Erblasser bereits erteilt worden sind[66].

43 Aufgrund der nunmehr gültigen Postgesetzgebung dürften für die Postfinance dieselben Auskunftspflichten wie für die Banken gelten, nachdem früher eine Auskunftspflicht gegenüber den Erben gesetzlich explizit ausgeschlossen war[67].

44 **Gerichtsstand:** Am Sitz der beklagten Bankniederlassung (Art. 5 GestG).

45 **Aktivlegitimation:** Jeder gesetzliche oder eingesetzte Erbe selbständig[68], ferner der Willensvollstrecker und der Erbenvertreter gemäss Art. 602 Abs. 3 ZGB. Als *prima facie*-Legitimation dient den Erben dabei die Erbenbescheinigung, die ihnen gestützt auf Art. 559 Abs. 1 ZGB ausgestellt wird. Bei dieser handelt es sich aber mangels einer vorgängigen Auseinandersetzung um die materielle Rechtslage stets nur um einen provisorischen Legitimationsausweis ohne materiellrechtliche Bedeutung für die Erbenstellung der darin erwähnten

---

[65] BGE 5P.104/1992, 14.8.1992; Zirkular Nr. 7195 der Schweizerischen Bankiervereinigung vom 10.9.2002; BODMER/KLEINER/LUTZ, Kommentar zum Schweizerischen Bankengesetz, Zürich 2004, Art. 47 N 17; BSK-KARRER [2003], Art. 518 N 18; DIETER ZOBL, Probleme im Spannungsfeld von Bank-, Erb- und Schuldrecht, AJP 2001, 1007, 1016 ff.; vgl. bereits OSWALD [1976], a.a.O. [Fn. 44], S. 52 ff. und 63 f., m.w.H.; zur früheren – überholten – Praxis, wonach lediglich Pflichtteilserben Anspruch auf Auskünfte zu lebzeitigen Vorgängen hatten, vgl. PIERRE-ANDRÉ BÉGUIN, Secret bancaire et successions, in: PAOLO BERNASCONI (Hrsg.), Les nouveaux défis au secret bancaire suisse, Bellinzona/Lausanne 1996, S. 30; KÜNZLE [2002], a.a.O. [Fn. 58], 216.

[66] BODMER/KLEINER/LUTZ, Kommentar zum Schweizerischen Bankengesetz, Zürich 2004, Art. 47 N 18.

[67] Vgl. auch KÜNZLE [2002], a.a.O. [Fn. 58], 216 ff., m.w.H.

[68] BGE 89 II 93; SJZ 61 [1965], 355.

Personen[69]. Deshalb, und weil beispielsweise ein enterbter Erbe seine Enterbung erst (gemäss Art. 479 Abs. 2 ZGB bzw. mittels Ungültigkeits- oder Herabsetzungsklage) anfechten muss, bevor er Erbeneigenschaft erlangt (Art. 479 ZGB), muss den Erben auch der anderweitige Beweis ihrer Legitimation zur Einholung von Auskünften offen stehen.

Auch provisorische Erben – also solche Erben, die über eine allfällige Ausschlagung noch nicht entschieden haben – sind zur Einholung von Auskünften aktivlegitimiert, da die Auskünfte geeignet sind, ihnen Entscheidgrundlagen zu liefern[70]; dieser gegenüber einem Willensvollstrecker ausgesprochene Grundsatz verdient allgemeine Geltung: «Die bloss provisorische Erbenstellung (...) rechtfertigt grundsätzlich keinerlei Einschränkungen ihrer Informationsansprüche. (...) Die zentrale Bedeutung des Informationsanspruchs auch bloss provisorischer Erben ergibt sich gerade aus dem noch anstehenden Entscheid über Annahme oder Ausschlagung des Nachlasses»[71]. 46

Nicht aktivlegitimiert sind demgegenüber blosse Vermächtnisnehmer[72]. 47

Passivlegitimation: Die betreffende Bank. 48

Befristung: Die vertragliche Auskunftsschuld der Bank und damit auch der Anspruch auf Aktenedition *verjährt* gemäss Art. 128 OR grundsätzlich mit Ablauf von zehn Jahren ab Beendigung des Vertragsverhältnisses[73]. Da die Erben als Universalsukzessoren in die Rechtsstellung des Erblassers eintreten, beendigt der Tod des Erblassers ein noch laufendes Vertragsverhältnis nicht. Gegenüber Editionspflichtigen, deren Vertragsverhältnis mit dem Erblasser bereits 49

---

[69] Vgl. BSK-KARRER [2003], Art. 559 N 2 f.; TUOR/SCHNYDER/SCHMID/RUMO-JUNGO [2002], S. 642, m.w.H.; vgl. auch BGE 128 III 318 = ZBGR 84 [2003] 117 = Pra 2002, Nr. 189.
[70] Obergericht Zürich, 10.12.1991, ZR 91 [1992] Nr. 64; vgl. KÜNZLE [2002], a.a.O. [Fn. 58], 210.
[71] Obergericht Zürich, a.a.O. [Fn. 70], E. IV.3.a.
[72] Vgl. DRUEY [2002], § 11 Rz. 22.
[73] Vgl. BK-FELLMANN, OR 400 N 99 und N 103 ff.; ZOBL [2001], a.a.O. [Fn. 65], 1017.

vor dessen Tod beendigt war, läuft die Verjährung des Editionsanspruchs des Erblassers unbeeinflusst von dessen Tod mit gleicher Dauer weiter, nunmehr zulasten der Erben[74]. Da die Verjährung der vertraglichen Auskunftsschuld nicht durch Schuldbetreibung unterbrochen werden kann, ist mangels freiwilligen Verjährungsverzichts nur die Klage geeignet, die Frist zu unterbrechen.

50 Eine *zusätzliche Limitierung* ergibt sich aus der zeitlichen Beschränkung der Pflicht des Auskunftsverpflichteten, die Geschäftsbücher und Buchungsbelege aufzubewahren. Massgebender Zeitpunkt für die Berechnung der in Art. 962 OR statuierten Zehnjahresfrist ist spätestens die Klageanhebung[75]. Der Auskunftsverpflichtete kann sich allerdings nicht auf die zeitliche Beschränkung der Aufbewahrungspflicht berufen, wenn weiter zurückliegende Unterlagen noch vorhanden sind[76]. Inhaltlich bezieht sich der Editionsanspruch also auf *alle* beim Auskunftsschuldner im Zeitpunkt der Zustellung der Klage *vorhandenen* einschlägigen Akten, ungeachtet des Zeit-

---

[74] Vgl. THOMAS WEIBEL, Das Ende der Solidarhaftung der Erben, Diss. Basel/Genf/München 2002, S. 13 ff. und 189 f.

[75] In einem Urteil des Kantonsgerichts Tessin vom 24. Juli 1992 wurde festgehalten, dass die beklagte Bank *ab Klageeinleitung* verpflichtet ist, die Dokumente der verflossenen zehn Jahre weiterhin aufzubewahren und während der ganzen Prozessdauer intakt zu erhalten; sie *darf im Falle einer mehrjährigen Prozessdauer trotz Art. 962 OR nicht entsprechend dem Voranschreiten der Verjährungsfrist die alten Jahrgänge vernichten.* Die Klägerin – eine Tochter des Erblassers – hatte in diesem Falle nachweisen können, dass der Vater für sich, seine drei Töchter und seine Mätresse bei der Bank im Jahre 1978 fünf Konten eröffnet und auf jedes Konto CHF 300 000.– einbezahlt hatte. Diese Konten lauteten zwar insgesamt auf den Namen des Vaters, ihre Einrichtung war den Töchtern aber als Vorkehr für den Todesfall erläutert worden. Nach dem Ableben des Vaters im Jahre 1986 zeigte sich, dass bei der betreffenden Bank nur noch unbedeutende Vermögenswerte vorhanden waren. Die Klägerin klagte am 9. Oktober 1987 gegen die Bank auf Auskunftserteilung. Mit Klagebeantwortung vom 5. Oktober 1990 (!) erklärte die Bank, sie habe gestützt auf Art. 962 OR alle Dokumentation vernichtet, die vor dem 5. Oktober 1980 ergangen sei (die fraglichen Konten waren vermutlich gerade zwischen 1978 und 1980 abgeräumt worden). Das Kantonsgericht hiess die Klage für den Zeitraum ab 9. Oktober 1977 gut; es brachte zum Ausdruck, dass es der Behauptung der angeblich erfolgten Aktenvernichtung keinen Glauben schenkte, und dass eine solche Vernichtung jedenfalls rechtswidrig gewesen wäre.

[76] BSK-NEUHAUS/BINZ, Art. 963 OR N 9.

punktes, in welchem sie ihm zugegangen, von ihm erstellt, datiert oder archiviert worden sind. Die private Abmahnung, alte Akten nicht zu vernichten, ist nicht nur wirkungslos, sondern kontraproduktiv, indem sie den Auskunftspflichtigen veranlassen kann, alle Akten zu beseitigen, für welche keine Aufbewahrungspflicht gemäss Art. 962 OR (mehr) besteht. (Erst) die Klageanhebung begründet die Pflicht des Beklagten, allenfalls noch vorhandene Akten zu sichern, für die im betreffenden Zeitpunkt keine gesetzliche Aufbewahrungspflicht (mehr) besteht[77].

Gerade der Zugriff auf alte Aktenjahrgänge ist oft aufwendig und entsprechend kostspielig. Das Editionsbegehren setzt daher voraus, dass der Kläger die dem Beklagten entstehenden Kosten bevorschusst[78]. 51

Streitwert: Wie vorn (Rz. 37). 52

Rechtsbegehren: 53

Variante 1 (Editionsbegehren): «*Es sei die Beklagte unter Androhung der Bestrafung ihrer verantwortlichen Organe gemäss Art. 292 StGB mit Haft oder Busse im Widerhandlungsfall zur Edition folgender Akten im Original oder in beglaubigter Fotokopie zu verurteilen ...*»

Variante 2 (Begehren um Einsichtnahme): «*Es sei die Beklagte unter Androhung der Bestrafung ihrer verantwortlichen Organe gemäss Art. 292 StGB mit Haft oder Busse im Widerhandlungsfall zu verurteilen, dem Kläger oder einer vom Kläger bevollmächtigten Person binnen 30 Tagen seit Rechtskraft des Urteils Einsicht in die Bewegungen sämtlicher Konten und Depots bei der Niederlassung N zu gewähren, die auf den Namen des Erblassers E, allein oder zusammen mit anderen Personen, lauteten, und zwar für den Zeitraum der zehn vor Klageanhebung liegenden Jahre und darüber hinaus jener früheren Geschäftsjahre, aus denen die Beklagte noch Unterlagen besitzt, ferner dem Kläger auf dessen Begehren gegen Erstattung der Kosten Kopien der betreffenden Unterlagen auszuhändigen.*» 54

---

[77] Vgl. vorn Fn. 75.
[78] Vgl. hinten Rz. 54.

55 **Erläuterung:** Der Informationsanspruch umfasst sowohl den Anspruch auf **Aktenedition** als auch denjenigen auf **anderweitige Auskunftserteilung**, insbesondere Akteneinsicht, soweit die Edition nicht möglich oder nicht tunlich ist [79].

56 Hat der Kläger konkrete Anhaltspunkte für die Behauptung, ein Miterbe habe Leistungen vom Erblasser erhalten, so kann er gegebenenfalls auch auf eine vorgängige selbständige Klage gegen die Bank auf Auskunft bzw. Aktenedition verzichten und stattdessen im Erbteilungs- oder Ausgleichungsprozess die Anordnung einer Aktenedition seitens von Banken durch das Gericht beantragen.

57 Hat der Erblasser die Bank von ihrer Auskunftsschuld befreit, indem er nach Beendigung der Kontobeziehung für den Erhalt aller nötigen Auskünfte Quittung erteilt und auf weitere Auskünfte verzichtet hat, oder indem er in einer compte-joint-Beziehung eine Regelung getroffen hat, wonach alle Vertragsrechte dem überlebenden Kontoinhaber zufallen, unter Ausschluss der Erben (Erbenausschlussklausel), so haben die Erben trotzdem einen Auskunftsanspruch gegenüber der Bank für alle Vorgänge bis zehn Jahre vor dem Todestag, und zwar *aus Erbrecht, nicht aus Vertrag*[80]. Diesen Anspruch kann der Erblasser seinen Erben nicht entziehen [81]. Allerdings müssen Auskunftsbegehren, die durch keine konkreten Verdachtsgründe substantiiert sind, in der Regel an der Schranke des Rechtsmissbrauchs scheitern.

58 Hat der Erblasser – beispielsweise durch die lebzeitige Vernichtung von (Bank-)Akten oder in anderer Weise – signalisiert, dass er bestimmte Vorgänge nicht im Kreise seiner Familie publik werden lassen wollte, so müssen sich die Erben mit der treuhänderischen Verifikation zufrieden geben, dass ihre Rechte, namentlich ihre

---

[79] Vgl. DRUEY, Der Anspruch des Erben auf Information, BJM 1988 S. 113 ff.; C. WETZEL, Interessenkonflikte des Willensvollstreckers, unter besonderer Berücksichtigung seines Anspruchs auf Erbschaftsverwaltung gemäss Art. 554 Abs. 2 ZGB, Diss. Zürich 1985, Rz. 243 ff.

[80] ZOBL [2001], a.a.O. [Fn. 65], 1018; teilweise **a.M.** Obergericht Zürich, 28.2.01, ZR 2002 Nr. 26, wo auch von einem vertragsrechtlichen Anspruch der Erben ausgegangen wird, für dessen Ausübung die Erben sich allerdings erbrechtlich legitimieren müssen.

[81] ZOBL [2001], a.a.O. [Fn. 65], 1018.

Pflichtteilsrechte, nicht tangiert sind. So kann die Bank die **Auskunft verweigern**, «wenn sie überwiegenden, höchstpersönlichen Interessen des Erblassers entgegenstände oder das Auskunftsbegehren missbräuchlich erscheint, sofern diese beiden Kriterien für die Bank erkennbar sind»[82]. Analog zu dem im Medizinalbereich eingeschalteten Vertrauensarzt[83] ist in solchen Fällen ein Sonderprüfer einzusetzen, der die in Händen der Bank vorhandenen Belege prüft und den Erben unter Wahrung der Diskretionsbedürfnisse Dritter Bericht erstattet. In diesem Sinne wird in der Lehre gefordert, es sei eine *Abwägung zwischen Geheimhaltungsinteresse des Erblassers und Informationsbedürfnis der Erben* notwendig[84].

In **analoger Weise** wie gegen Banken ist vorzugehen gegen **andere Dritte**, die mit dem Erblasser in einer vertraglichen Beziehung standen, wie beispielsweise Spitäler und Ärzte (Einsicht in die Krankengeschichte des Erblassers) oder Notare und Rechtsanwälte (Einsicht in die Nachlassplanung und Testamentsberatung). Auch hier kann freilich trotz Universalsukzession das Geheimhaltungsinteresse des Erblassers in Verbindung mit dem Berufsgeheimnis des Auskunftsverpflichteten dem Informationsanspruch der Erben vorgehen: 59

– Aus dem Medizinalbereich sind vier Fälle aus neuerer Zeit publiziert, nämlich ein Bundesgerichtsentscheid aus dem Jahr 1989, wo die Alleinerbin die Urteilsunfähigkeit der Erblasserin gestützt auf deren Krankengeschichte in einem staatlichen Spital in Genf hätte beweisen wollen, um ein durch die Erblasserin kurz vor ihrem Tod abgeschlossenes Rechtsgeschäft rückgängig zu machen; das auf dem verwaltungsgerichtlichen Weg gestellte Gesuch wurde abgewiesen, weil sich die Gesuchstellerin ungeschickterweise auf ein «ererbtes» Akteneinsichtsrecht der Erblasserin (anstatt zulässigerweise auf ein eigenes Rechtsschutzinteresse) berufen hatte[85]. – In einem Urteil des Obergerichts Schaffhausen wurde demgegenüber das eigene Rechtsschutzinteresse einer an-

---

[82] Zirkular Nr. 7195 der Schweizerischen Bankiervereinigung vom 10.9.2002.
[83] Vgl. dazu hinten Rz. 59.
[84] AUBERT/HAISSLY/TERRACINA, Responsabilité des banques suisses à l'égard des héritiers, in: SJZ 92 [1996], Nr. 8, S. 140.
[85] BGE 3.11.1989, publiziert in RDAF 1990 S. 45–49.

deren Gesuchstellerin bejaht, die einen Kunstfehler des Spitals anlässlich der ärztlichen Behandlung der Erblasserin vermutete; die Akteneinsicht wurde allerdings einem Vertrauensarzt gewährt, nicht der Gesuchstellerin persönlich, ebenfalls in einem verwaltungsrechtlichen Verfahren und ebenfalls unter Betonung, dass sich die Gesuchstellerin nicht auf «geerbte» Patientenrechte der Erblasserin berufen könne, da die Patientenrechte höchstpersönlicher Natur sind und nicht auf die Erben übergehen[86]. In einem Entscheid vom 26. April 1995 ist das Bundesgericht diesem Lösungsansatz gefolgt, und in einem Entscheid aus dem Jahr 2002 ist auch der aargauische Regierungsrat dieser Praxis gefolgt[87].

– Notare und Rechtsanwälte müssen neugierigen Erben grundsätzlich keinen Einblick in ihre juristischen Beratungsdossiers gewähren[88]. Hingegen sind sie aus ihrer Eigenschaft als Verwalter erblasserischen Vermögens gegenüber den Erben rechenschafts- und auskunftspflichtig[89]. Wenn etwa Geschäftskonten von verstorbenen Anwälten in Gemeinschaftspraxen betroffen sind, so ist aufgrund des Berufsgeheimnisses wiederum ein Sonderprüfer einzusetzen, der die vorhandenen Belege prüft und den Erben des Anwalts unter Wahrung der Diskretionsbedürfnisse Dritter Bericht erstattet. In gleicher Weise können die Erben eines verstorbenen Berufsgeheimnisträgers von dessen Partnern nicht verlangen, das Guthaben des Erblassers per Todestag durch eigene Einsichtnahme in die Praxisbuchhaltung zu verifizieren (und da-

---

[86] Obergericht Schaffhausen, 22.12.1989, publiziert in ZBl 1990, S. 364 ff.
[87] Pra 85 Nr. 94 = plädoyer 1995 Nr. 4, S. 70, nicht in der Amtlichen Sammlung publiziert; Regierungsrat AG, 20.11.02, AGVE 2002 Nr. 158. Ausführlich zum Anspruch der Erben auf Einsicht in die Krankengeschichte des Erblassers SCHRÖDER [2000], a.a.O. [Fn. 35], S. 155 ff.
[88] Eine Entbindung vom Berufsgeheimnis durch die Aufsichtsbehörde aufgrund einer Interessenabwägung bleibt vorbehalten: vgl. Aufsichtsbehörde über die Advokaten Basel-Stadt, 8. September 2000, BJM 2002 S. 278 ff. Vgl. auch OSWALD [1976], a.a.O. [Fn. 44], S. 42 ff.
[89] Vgl. bereits OSWALD [1976], a.a.O. [Fn. 44], S. 67 ff.; **a.M.** SCHRÖDER [2000], a.a.O. [Fn. 35], S. 176 f., der – vorbehältlich eines Überwiegens des Geheimhaltungsinteresses – von einem umfassenden Eintritt der Erben in das Recht zur Entbindung von der Schweigepflicht ausgeht; ähnlich KÜNZLE [2002], a.a.O. [Fn. 58], 214, unter Verweis auf BGE 5P.104/1992 vom 14.8.1992.

bei Klientennamen zu erfahren). – Wird der Rechtsberater des Erblassers später als dessen Willensvollstrecker tätig, so schuldet er den Erben Auskünfte aufgrund seiner gesamten erworbenen Kenntnisse über die Vermögensverhältnisse des Erblassers. Hingegen hat er Informationen über den persönlichen Bereich des Erblassers geheim zu halten[90].

---

[90] Vgl. KÜNZLE [2002], a.a.O. [Fn. 58], 210 ff.; JEAN-CLAUDE WENGER, Der Anwalt als Willensvollstrecker, in: Das Anwaltsgeheimnis, Zürich 1997, S. 68 ff.; FLÜCKIGER [2004], a.a.O. [Fn. 29], S. 95 f.; vgl. auch BGE 82 II 559.

4. Herabsetzungsklage

4.1 Einleitung

60 Die Herabsetzungsklage verschafft dem Pflichtteilsrecht (Art. 471 ZGB) und damit den Beschränkungen der Verfügungsfreiheit des Erblassers Nachachtung. Will der Kläger, der nicht Besitzer der Erbschaft ist, zugleich die Verurteilung des Beklagten zur Herausgabe des Nachlasses erlangen, so muss er primär Erbschaftsklage erheben, wobei ein ausdrückliches Herabsetzungsbegehren nicht erforderlich ist [91].

61 Zur Berechnung der Pflichtteile sind die zur Herabsetzungs-Berechnungsmasse gehörigen Aktiven und Passiven per Todestag zu bewerten, wie wenn Herabsetzung und Erbteilung am Todestag schlagartig gerechnet und vollzogen worden wären (**«Todestagsprinzip»**) [92].

62 Die (als rechnerische Grösse zu verstehende) Herabsetzungs-Berechnungsmasse umfasst nach beinahe einhelliger Lehre und Rechtsprechung **aktivenseitig**:

– Die **Nachlassaktiven** i.e.S.

– **Lebzeitige Zuwendungen,** soweit sie nicht der Ausgleichung unterliegen [93] einschliesslich der Erbabfindungen und Auskaufsbe-

---

[91] BGE 67 II 207, 214; BSK-Forni/Piatti [2003], Vorbemerkungen zu Art. 522–533 N 12.

[92] Vgl. Art. 474 Abs. 1, 537 Abs. 2, 630 ZGB; BGE 108 II 99; BGE 110 II 228, 231 f.; Druey [2002], § 6 Rz. 85 (vgl. auch § 7 Rz. 6); BK-Eitel [2004], Art. 629 N 17; ZK-Escher [1959], Art. 474 N 3; BSK-Forni/Piatti [2003], Vorbemerkungen vor Art. 522–533 N 10 und Art. 630 N 1 ff.; Piotet, SPR IV/1 [1978], S. 458; Kaspar Schiller, Wertveränderungen im Nachlass, Diss. Zürich 1972, S. 40; Stéphane Spahr, Valeur et valorisme en matière de liquidations successorales, Diss. Freiburg 1994, S. 233, 236 f., 249, 312 und 369 f.; BSK-Staehelin [2003], Art. 474 N 14 und Art. 475 N 6 f. und 10; Daniel Steck, Wertveränderungen im Nachlass und Pflichtteilsrecht nach dem schweizerischen ZGB, Diss. Zürich 1972, S. 128 ff.; BK-Weimar [2000], Art. 474 N 3; kritisch gegenüber der Anwendung des Todestagsprinzips auf lebzeitige Zuwendungen Roland Gass, Noch einmal: Unterliegen Schenkungen der Ausgleichung und der Herabsetzung nach Art. 527 Ziff. 1 ZGB, BJM 2001 235, 240.

[93] Art. 527 ZGB.

träge[94]. Dazu gehören auch die grundsätzlich ausgleichungspflichtigen Zuwendungen, soweit sie nicht zur Ausgleichung gelangen[95], sei es, weil der Zuwendungsempfänger nicht Erbe wird, sei es, weil der Zuwendungsempfänger zwar Erbe wird, jedoch aufgrund der gesetzlichen Bestimmungen oder erblasserischer Anordnung die Zuwendung nicht auszugleichen braucht[96]. Ebenfalls dazu gehören lebzeitige Zuwendungen, die aufgrund der Zustimmung des überlebenden Ehegatten nicht gemäss Art. 208 Abs. 1 Ziff. 1 ZGB im Rahmen der güterrechtlichen Hinzurechnung berücksichtigt werden[97];

– Den **Rückkaufswert** der vom Erblasser zu Gunsten Dritter begründeten **Versicherungsansprüche** (Art. 529 ZGB). Leistungen der zweiten Säule, und zwar sowohl aus dem obligatorischen als auch aus dem überobligatorischen Bereich, fallen jedoch (selbst in der Form als Freizügigkeitsleistungen) nicht in den Nachlass und unterliegen auch nicht der Herabsetzung[98].

Passivenseitig sind nebst den Nachlasspassiven i.e.S., also den Erblasserschulden, auch die Erbgangsschulden wie beispielsweise die Willensvollstreckerkosten einzurechnen, auch wenn sie faktisch erst nach dem Todestag beglichen werden[99]. 63

---

[94] Art. 527 Ziff. 2 i.V.m. Art. 535 ZGB; ausführlich dazu ANDREA KAISER, Pflichtteilsverzicht mit Abfindungsvereinbarung, AJP 2002, 12, 18 ff. Vgl. auch DRUEY [2002], § 6 Rz. 78.
[95] BGE 45 II 7, 13 f.; BGE 76 II 188, 192 f.; BSK-FORNI/PIATTI [2003], Art. 522 N 1 f.; BSK-STAEHELIN [2003], Art. 475 N 4. Vgl. auch BK-EITEL [2004], Art. 628 N 12; DRUEY [2002], § 6 Rz. 74 ff. – **A.M.** GASTON KUPPER (SJZ [1951], S. 340, 340 f.), gemäss dem die der Ausgleichung unterworfenen lebzeitigen Zuwendungen gar nicht zur Herabsetzungs-Berechnungsmasse zu zählen seien; LUC VOLLERY, Les relations entre rapports et réunions en droit successoral, Diss. Freiburg 1994, S. 348 ff. und 366 ff., gemäss dem sie nur dann in die Herabsetzungs-Berechnungsmasse einzubeziehen seien, wenn sie aufgrund von Art. 527 Ziff. 3 oder 4 ZGB die Voraussetzungen der Hinzurechnung erfüllen.
[96] Die Ausgleichung geht der Herabsetzung vor und schliesst sie aus: vgl. hinten Rz. 84; vgl. ferner BGE 126 III 171 bzw. ZBJV 137 [2001], 421.
[97] BGE 127 III 396, E. 2.
[98] BGE 129 III 305. Vgl. auch BSK-FORNI/PIATTI [2003], Art. 626 N 13, m.w.H.
[99] Vgl. Obergericht Zürich, 25.3.2003, ZR 103 [2004] Nr. 34, E. IV.1.c; BGE 45 II 7, 12 ff.; BGE 76 II 188, 191 ff.; BGE 127 III 399, E. 2.a; BGE 128 III 314 = ZBGR

64 Die Summe dieser Werte ergibt die **Herabsetzungs-Berechnungsmasse**. Bezogen auf diese – nach rein objektiven Massstäben und damit unabhängig von allfälligen Wünschen oder Angaben des Erblassers zu ermittelnde – rechnerische Grösse, die vom Wert des am Todestag und später vorhandenen Nachlasses, d.h. der wertmässig laufend schwankenden Teilungsmasse, in der Regel abweicht, beantwortet sich die Frage, ob und in welchem Umfange der Herabsetzungsgläubiger von den Beklagten die Herabsetzung beanspruchen kann. Das **Todestagsprinzip** ordnet Chancen und Risiken von Wertveränderungen nach dem Todestag den jeweiligen Beklagten zu: Der Kläger soll aus der Verzögerung der Nachlassabwicklung keinen Nutzen, aber auch keinen Schaden haben[100]. – Die *Erbteilung* erfolgt demgegenüber zu den (Verkehrs-)Werten per *Teilungstag*; das in Art. 617 ZGB für Grundstücke formulierte Prinzip gilt allgemein[101].

65 Zur Berechnung des Umfangs der Herabsetzung ist zunächst zu ermitteln, welche Zuwendungen bei Bewertung per Todestag um welchen Betrag herabgesetzt werden müssten, damit die Pflichtteilserben denjenigen Bruchteil der zur Herabsetzungs-Berechnungsmasse gehörigen Aktiven und Passiven erhalten, der ihrem Pflichtteil entspricht. Anschliessend muss berechnet werden, welchen Bruchteilen des Wertes der Zuwendungen (**Herabsetzungsquoten**) die Be-

---

84 [2003] 110, E. 4; JURIJ BENN, Rechtsgeschäftliche Gestaltung der erbrechtlichen Ausgleichung, Diss. Zürich 2000, S. 48; ROGER BRÄNDLI, Vorschlagszuweisung an den vorversterbenden Ehegatten und die Frage der erbrechtlichen Herabsetzung, AJP 2003, 335, 338 f.; PAUL EITEL, Die Berücksichtigung lebzeitiger Zuwendungen im Erbrecht – Objekte, und Subjekte von Ausgleichung und Herabsetzung, Bern 1998, § 34 N 75, S. 584 f.; BSK-FORNI/PIATTI [2003], Art. 527 N 4; PIOTET, SPR IV/1 [1978], S. 439 ff.; BSK-STAEHELIN [2003], Art. 474 N 1 ff. und Art. 475 N 1 und N 4; TUOR/SCHNYDER/SCHMID/RUMO-JUNGO [2002], S. 588 ff.; BK-WEIMAR [2000], Art. 474 N 1, N 4 und N 35 f. und Art. 475 N 2. – Eine Auflistung der Erbgangsschulden findet sich bei THOMAS WEIBEL, Die Haftung der Erben, in: STEPHAN WOLF (Hrsg.), Ausgewählte Aspekte der Erbteilung, Bern 2005, S. 51 ff., S. 63.

[100] Vgl. BSK-STAEHELIN [2003], Art. 475 N 7; TUOR/SCHNYDER/SCHMID/RUMO-JUNGO [2002], S. 594.

[101] Obergericht Zürich, 25.3.2003, ZR 103 [2004] Nr. 34, E. IV.2.c; vgl. JOST [1960], S. 99; BK-EITEL [2004], Art. 629 N 17; BSK-SCHAUFELBERGER [2003], Art. 610 N 10; BK-TUOR/PICENONI [1959/1964], Art. 617 N 11; TUOR/SCHNYDER/SCHMID/RUMO-JUNGO [2002], S. 679.

träge, um welche die Zuwendungen herabgesetzt werden müssten, entsprechen[102].

Besteht die herabzusetzende Zuwendung in einer **quotenmässigen Erbeinsetzung**, so wird die Erbquote um die Herabsetzungsquote herabgesetzt und nimmt der eingesetzte Erbe mit dieser herabgesetzten Erbquote an den Wertveränderungen des Nachlasses zwischen Tod und Teilung teil[103]. 66

Wenn die herabzusetzende Zuwendung in einem **Vermächtnis** besteht, sind zwei verschiedene Fälle denkbar, der zweite davon mit einem Wahlrecht des Bedachten und damit zwei Unterkonstellationen: 67

- Kann die Sache *geteilt werden*, so kommt der über die Herabsetzungsquote hinausgehende Teil des Vermächtnisses dem Vermächtnisnehmer zu[104].

- Kann die Sache *nicht geteilt werden*, wofür der Bedachte beweispflichtig ist[105], so stellt ihm Art. 526 ZGB – vorbehältlich einer bereits durch den Erblasser vorgenommenen und diesfalls verbindlichen Anordnung[106] – frei, entweder die Sache zu beanspruchen und dem Nachlass die Herabsetzungsquote zu vergüten oder stattdessen auf die Sache zu verzichten und bloss den verfügbaren Betrag zu beanspruchen. Für die Berechnung der Herabsetzungsquote bzw. des verfügbaren Betrags ist nach h.L. auf den *Zeit-*

---

[102] Vgl. PIOTET, SPR IV/1 [1978], S. 460 f.; SPAHR [1994], a.a.O. [Fn. 92], S. 233, 236 f., 249, 312 f., 367 und 369 f.; STECK [1972], a.a.O. [Fn. 92], S. 128 ff.; BK-WEIMAR [2000], Vorbemerkungen vor Art. 470 N 25 ff.

[103] Vgl. BGE 80 II 200, 203 ff.; BGE 103 II 88, 95; ZK-ESCHER [1959], Art. 474 N 4; PIOTET, SPR IV/1 [1978], S. 459; SCHILLER [1972], a.a.O. [Fn. 92], S. 70; SPAHR [1994], a.a.O. [Fn. 92], S. 303; BSK-STAEHELIN [2003], Art. 474 N 15; STECK [1972], a.a.O. [Fn. 92], S. 129; BK-WEIMAR [2000], Vorbemerkungen vor Art. 470 N 6 und N 28.

[104] Vgl. ZK-ESCHER [1959], Art. 474 N 4; PIOTET, SPR IV/1 [1978], S. 460; SCHILLER [1972], a.a.O. [Fn. 92], S. 81; SPAHR [1994], a.a.O. [Fn. 92], S. 298 ff., 303, 312 f., 367 und 369 f.; BSK-STAEHELIN [2003], Art. 474 N 16; BK-WEIMAR [2000], Vorbemerkungen vor Art. 470 N 25 ff.

[105] BSK-FORNI/PIATTI [2003], Art. 526 N 1.

[106] ZK-ESCHER [1960], Art. 526 N 4; BSK-FORNI/PIATTI [2003], Art. 526 N 4; BK-TUOR/PICENONI [1959/1964], Art. 526 N 7.

punkt des Herabsetzungsurteils abzustellen[107]. Nach einer neueren Minderheitsmeinung soll demgegenüber in konsequenter Anwendung des Todestagsprinzips[108] für die Berechnung dieser beiden Grössen auf den *Zeitpunkt des Todes des Erblassers* abgestellt werden[109].

68 Wenn die herabzusetzende Leistung in einer **lebzeitigen Zuwendung** besteht, so hat der Empfänger nach Auffassung des Bundesgerichts keine Wahlmöglichkeit gemäss Art. 526 ZGB. Vielmehr muss er die Herabsetzungsquote als Geldleistung an den Herabsetzungsgläubiger vergüten[110]. Dieser bundesgerichtlichen Meinung stehen allerdings überzeugende gegenteilige Lehrmeinungen entgegen. So ist entgegen der Argumentation des Bundesgerichts die Rückerstattung in natura mit dem persönlichen Charakter der Rückerstattungsklage sehr wohl vereinbar[111]. Es besteht kein sachlicher Grund, zwischen einem ausgerichteten Vermächtnis und einer lebzeitigen Zuwendung zu unterscheiden[112]. Man kann die Meinung, wonach der Empfänger bei Vorhandensein des zugewendeten Gegenstandes grundsätzlich die Rückerstattung in natura schuldet, und zwar in analoger Anwendung von Art. 526 ZGB, heute geradezu als die herrschende Lehre bezeichnen[113]. Die Rückerstattungspflicht des gutgläubigen Empfängers ist in quantitativer Hinsicht durch Art. 528 Abs. 1 ZGB beschränkt.

---

[107] ZK-ESCHER [1959], Art. 474 N 4; PIOTET, SPR IV/1 [1978], S. 460; SPAHR [1994], a.a.O. [Fn. 92], S. 298 ff., 304, 312 f., 367 und 369 f.; STECK [1972], a.a.O. [Fn. 92], S. 128 und 130 f.; BK-WEIMAR [2000], Vorbemerkungen vor Art. 470 N 25 ff.

[108] Vgl. dazu vorn Rz. 60.

[109] BSK-FORNI/PIATTI [2003], Vorbemerkungen vor Art. 522–533 N 15; BSK-STAEHELIN [2003], Art. 474 N 16; SCHILLER [1972], a.a.O. [Fn. 92], S. 80 f.

[110] BGE 110 II 228, 233 f., gefolgt von BSK-FORNI/PIATTI [2003], Art. 528 N 6 i.V.m. BSK-STAEHELIN [2003], Art. 475 N 7.

[111] Vgl. PAUL PIOTET, SJZ 81 [1985], S. 157, 157 f.

[112] Vgl. SPAHR [1994], a.a.O. [Fn. 92], S. 277.

[113] ZK-ESCHER [1959], Art. 526 N 3 und Art. 528 N 6 f.; PAUL PIOTET, SJZ 81 [1985], S. 157, 157 f.; PIOTET, SPR IV/1 [1978], S. 461; SPAHR [1994], a.a.O. [Fn. 92], S. 277, 302, 304 und 369 f.; BK-TUOR [1952], Art. 528 N 8, N 17 und N 21; zur Anwendung von Art. 526 vgl. vorn Rz. 67.

4.2 Testament oder Erbvertrag als Anfechtungsobjekt (Art. 522–526 ZGB)

Vorbemerkung: Art. 525 Abs. 1 ZGB verlangt – vorbehältlich eines erkennbaren abweichenden Willens des Erblassers – die proportionale Herabsetzung sämtlicher Zuwendungen von Todes wegen, bis der Pflichtteil des Klägers aufgefüllt ist. Die Herabsetzungsklage kann sich nur gegen eine *gültige* Verfügung richten, mittels deren die Verfügungsfreiheit überschritten wurde[114]. Haben zudem lebzeitige Zuwendungen zur Pflichtteilsverletzung beigetragen, so werden *in erster Linie* die *Zuwendungen von Todes* wegen, dann erst die lebzeitigen herabgesetzt. Je später eine (lebzeitige) Zuwendung erfolgt ist, desto eher wird sie herabgesetzt (Art. 532 ZGB)[115]. Diese Prioritätenfolge der Herabsetzung mehrerer Zuwendungen lässt es als zweckmässig erscheinen, dass der Kläger die Klage gegen sämtliche in Frage kommenden Zuwendungsempfänger richtet. In diesem Falle hat der Kläger die beste Chance, seinen Pflichtteil vollständig aufzufüllen.

69

Der Kläger (= Herabsetzungsgläubiger) ist allerdings prozessual nicht verpflichtet, gegen sämtliche Zuwendungsempfänger (= Herabsetzungsschuldner) zu klagen. Er kann einzelne von ihnen unbehelligt lassen. Bloss kann er dadurch die Situation der anderen nicht erschweren. Diese müssen sich die Herabsetzung trotzdem nur in jenem Umfange gefallen lassen, wie wenn sämtliche Herabsetzungsschuldner ins Verfahren einbezogen worden wären[116]. Gegebenenfalls müssen sie sich mit einer Einrede zur Wehr setzen. Dabei ist es misslich, wenn vorfrageweise über die Herabsetzungsfähigkeit anderer lebzeitiger Zuwendungen gestritten werden muss, deren Empfänger nicht in den Prozess einbezogen sind. Der Kläger sollte des-

70

---

[114] BGE 119 II 208, 211: «Der Pflichtteilserbe, der sich durch eine letztwillige Verfügung benachteiligt fühlt, kann *in erster Linie* die Ungültigerklärung der Verfügung verlangen, wenn er diese für mangelhaft hält, und *subsidiär* deren Herabsetzung; dringt er mit seinem Hauptantrag durch, erlangt er nicht nur seinen Pflichtteil, sondern vielmehr seinen gesetzlichen Erbteil» (Hervorhebung eingefügt).

[115] Vgl. dazu hinten Rz. 86.

[116] Vgl. auch hinten Rz. 86; zustimmend FLÜCKIGER [2004], a.a.O. [Fn. 29], S. 88 f.; vgl. ferner PIOTET, SPR IV/1 [1978], S. 488.

halb stets sämtliche potenziellen Herabsetzungsschuldner gleichzeitig einklagen. Bei den nachfolgenden Formulierungsvorschlägen wird nur jene – einfachste – Variante gezeigt, bei welcher der Kläger sämtliche in Frage kommenden Herabsetzungsschuldner gleichzeitig ins Verfahren einbezieht.

71 **Gerichtsstand:** Am letzten Wohnsitz des Erblassers (Art. 18 Abs. 1 GestG)[117].

72 **Aktivlegitimation:** Jeder in seinem Pflichtteil verletzte Erbe einzeln (Art. 522 Abs. 1 ZGB), wobei mehrere Pflichtteilserben auch gemeinsam vorgehen können, wenn die Pflichtteile aller verletzt wurden[118]. Die Aktivlegitimation des Pflichtteilserben geht auf seine Erben über, wenn er nach Eröffnung des Erbgangs stirbt, selbst wenn die Erben selber gegenüber dem ursprünglichen Erblasser nicht pflichtteilsberechtigt gewesen wären[119]. Die Durchführung der amtlichen Erbschaftsliquidation schliesst die Herabsetzungsklage nicht aus, gehört doch der Herabsetzungsanspruch nicht zu den Aktiven, über die der Erbe nicht mehr verfügungsberechtigt wäre[120].

73 Ausnahmsweise steht die Klage aufgrund einer Legalzession des Herabsetzungsanspruchs im Sinne eines subsidiären Klagerechts auch Nichterben zu, so der Konkursverwaltung oder den Gläubigern des Pflichtteilserben, der seine Rechte innert der ihm angesetzten Frist nicht selber geltendmachen will (Art. 524 ZGB)[121]. Das Recht der Konkursverwaltung bzw. der Gläubiger geht im Übrigen weniger weit als dasjenige des Erben, indem nur auf Deckung ausstehender Forderungen geklagt werden kann, was unter Umständen weniger

---

[117] BRÄNDLI [2003], a.a.O. [Fn. 99], 340; BSK-FORNI/PIATTI [2003], Vorbemerkungen vor Art. 522–533 N 9; ZK-GRÜNINGER [2001], Art. 18 GestG N 19.
[118] BSK-FORNI/PIATTI [2003], Vorbemerkungen vor Art. 522–533 N 5.
[119] BGE 108 II 288, 291; BGE 75 II 190, 192; BSK-FORNI/PIATTI [2003], Vorbemerkungen vor Art. 522–533 N 5.
[120] BGE 50 II 450, 453; BGE 52 II 199; BGE 54 II 419; BSK-FORNI/PIATTI [2003], Vorbemerkungen zu Art. 522–533 N 5, m.w.H.
[121] Vgl. BGE 76 II 268; BSK-FORNI/PIATTI [2003], Vorbemerkungen vor Art. 522–533 N 5 und 6 sowie Art. 524 N 1 ff.; TUOR/SCHNYDER/SCHMID/RUMO-JUNGO [2002], S. 597.

ist als der Pflichtteil[122]. Nicht aktivlegitimiert sind im Übrigen die Gläubiger des Erblassers sowie diejenigen Gläubiger des Erben, die erst nach Eröffnung des Erbgangs zu Verlust gekommen sind.

Aktivlegitimiert sind zudem folgende Personen: 74

– der Bedachte, der die Herabsetzung seiner Zuwendung erleidet und die im gleichen Verhältnis zu erfolgende Herabsetzung der ihm auferlegten Vermächtnisse verlangen kann[123];

– der durch Erbvertrag Bedachte, der sich eine Herabsetzung gefallen lassen muss, hinsichtlich der von ihm an den Erblasser gemachten Gegenleistung[124]; sowie

– der Erbe oder Vermächtnisnehmer, wenn die ihm auferlegten Vermächtnisse (bzw. Untervermächtnisse) den Betrag der Erbschaft (bzw. der Zuwendung) oder den verfügbaren Teil überschreiten[125].

Der Willensvollstrecker ist zur Herabsetzungsklage weder aktiv- 75 noch passivlegitimiert[126].

Passivlegitimation: Jede übermässig begünstigte Person (Miterbe, 76 Empfänger einer lebzeitigen Zuwendung oder Vermächtnisnehmer) einzeln[127]. Nicht: der Willensvollstrecker[128].

Befristung: Die Befristung der Herabsetzungsklage ist in Art. 533 77 ZGB geregelt. Bei den Fristen in Art. 533 ZGB handelt es sich entgegen dem Gesetzeswortlaut nicht um Verjährungs-, sondern um von Amtes wegen zu beachtende Verwirkungsfristen. Art. 135 OR

---

[122] BGE 71 III 99, 103; zu den praktischen Schwierigkeiten in diesem Zusammenhang vgl. BSK-Forni/Piatti [2003], Art. 524 N 4, m.w.H.
[123] Art. 525 Abs. 2 ZGB; vgl. BSK-Forni/Piatti [2003], Art. 525 N 6 f.
[124] Art. 528 Abs. 2 ZGB.
[125] Art. 486 Abs. 1 ZGB; vgl. BSK-Forni/Piatti [2003], Vorbemerkungen vor Art. 522–533 N 5 und Art. 528 N 9.
[126] BGE 85 II 601; BGE 86 II 340, 342; BGE 90 II 376, 386; BGE 111 II 18 f.; BSK-Forni/Piatti [2003], Vorbemerkungen vor Art. 522–533 N 4; BSK-Karrer [2003], Art. 518 N 82; Tuor/Schnyder/Schmid/Rumo-Jungo [2002], S. 597.
[127] Kantonsgericht Wallis, 4.11.04, RVJ 2005, 146; BSK-Forni/Piatti [2003], Vorbemerkungen vor Art. 522–533 N 7 und 8.
[128] Vgl. vorn Rz. 75.

und Art. 137 f. OR sind auf sie somit nicht, Art. 139 OR nur analog anwendbar[129]. Die Einleitung eines Vermittlungsbegehrens gilt als Klageanhebung, wenn im Anschluss an das Sühneverfahren fristgerecht Klage erhoben wird[130]:

– Die einjährige relative Frist beginnt mit wirklicher und zuverlässiger Kenntnis der Eröffnung des Erbgangs, der eigenen Berufung als pflichtteilsberechtigter Erbe und der Pflichtteilsverletzung; Kennenmüssen genügt nicht[131]. Es bedarf der Kenntnis derjenigen Elemente, die den möglichen Erfolg einer Herabsetzungsklage erwarten lassen, jedoch nicht einer absoluten Gewissheit; die Kenntnis der blossen Tatsache einer Pflichtteilsverletzung genügt. Insoweit muss – ungeachtet allfälliger einschränkender Vorschriften des kantonalen Prozessrechts – auch ein unbeziffertes Rechtsbegehren zulässig sein[132].

– Die zehnjährige absolute Frist beginnt bei letztwilligen Verfügungen mit deren amtlicher Eröffnung und bei Zuwendungen unter Lebenden mit dem Tod des Erblassers[133]. Bei Erbverträgen ist der Fristbeginn umstritten: Abgestellt wird entweder auf die amtliche Eröffnung[134] oder auf den Tod des Erblassers[135].

---

[129] BGE 86 II 340, 344; BGE 98 II 176, 179 ff.; BGE 121 III 249, 250; DRUEY [2002], § 6 Rz. 90; BSK-FORNI/PIATTI [2003], Art. 533 N 1; PIOTET, SPR IV/1 [1978], S. 276 f. und 505 f.; TUOR/SCHNYDER/SCHMID/RUMO-JUNGO [2002], S. 596; a.M. ZK-ESCHER [1959], Art. 533 N 1 und 5 i.V.m. Art. 521 N 1; BK-TUOR [1952], Art. 533 N 1 i.V.m. Art. 521 N 3.

[130] BGE 98 II 176, 181; BGE 102 II 193, 196; BSK-FORNI/PIATTI [2003], Art. 533 N 1. Vgl. allerdings auch vorn Rz. 17 und Fn. 27.

[131] Vgl. BGE 73 II 6, 13; BSK-FORNI/PIATTI [2003], Art. 533 N 2; BK-TUOR [1952], Art. 533 N 5 und Art. 533 N 5 i.V.m. Art. 521 N 4.

[132] BGE 121 III 249, 250 f.; BSK-FORNI/PIATTI [2003], Vorbemerkungen vor Art. 522–533 N 11 und Art. 533 N 3.

[133] ZK-ESCHER [1959], Art. 533 N 3; BSK-FORNI/PIATTI [2003], Art. 533 N 2; PIOTET, SPR IV/1 [1978], S. 506; BK-TUOR [1952], Art. 533 N 6.

[134] BSK-FORNI/PIATTI [2003], Art. 533 N 2; PIOTET, SPR IV/1 [1978], S. 506, und SPR IV/2 [1981], S. 719 (für nach Bundesrecht zu eröffnende Erbverträge).

[135] ZK-ESCHER [1959], Art. 533 N 3; BK-TUOR [1952], Art. 533 N 6; PIOTET, SPR IV/1 [1978], S. 506, und SPR IV/2 [1981], S. 719 (für Erbverträge, die nicht nach Bundesrecht eröffnet werden müssen).

- Wird eine Verfügung von Todes wegen erst infolge Ungültigerklärung einer späteren Verfügung wirksam, so beginnt die absolute zehnjährige Frist im Zeitpunkt (der Rechtskraft) des Ungültigkeitsurteils (Art. 533 Abs. 2 ZGB). Die einjährige relative Frist kann in diesem Fall ebenfalls nicht früher, jedoch – entgegen der missverständlichen Formulierung von Art. 533 Abs. 2 ZGB – durchaus erst später beginnen[136].

Der Umstand, dass die Teilung bereits vollzogen ist, schliesst eine Erbschafts- und Herabsetzungsklage nicht aus, es sei denn, der Kläger habe der Teilung in Kenntnis der Verletzung seiner Ansprüche zugestimmt und damit ausdrücklich oder konkludent auf deren Geltendmachung verzichtet. In solchen Fällen muss allerdings stets mit Gestaltungs- und gegebenenfalls Leistungsklage vorgegangen werden, ist mithin eine reine Feststellungsklage ausgeschlossen[137]. 78

Mitbesitzer der Erbschaft (und nur sie) können den Herabsetzungsanspruch einredeweise jederzeit geltendmachen, namentlich im Rahmen der Erbteilung, selbst wenn gewisse Zuwendungen bereits zu Lebzeiten des Erblassers vollzogen wurden (Art. 533 Abs. 3 ZGB)[138]. Die Einrede steht den vom Erblasser aus der Nachfolge ausgeschlossenen gesetzlichen Erben allerdings erst zu, wenn sie durch Anfechtung der erbrechtlichen Verfügung ihre Erbenstellung erlangt haben[139], oder soweit sie nicht bereits vor dem Erbgang Vermögenswerte des Erblassers in unmittelbarem Besitz hatten und auf Herausgabe derselben beklagt werden[140]. 79

Streitwert: Massgeblicher Streitwert ist der potenzielle Prozessgewinn des Klägers[141], also der Wert seines Pflichtteils bzw. der Betrag, um welchen die Zuwendungen an den Beklagten im Falle der Gutheissung der Klage herabgesetzt würden. 80

---

[136] ZK-ESCHER [1959], Art. 533 N 4; BK-TUOR [1952], Art. 533 N 7.
[137] BGE 62 II 207, 214; BGE 67 II 207, 213; BSK-FORNI/PIATTI [2003], Vorbemerkungen vor Art. 522-533 N 12.
[138] Vgl. BGE 98 II 176, 181; BGE 120 II 417, 419; BSK-FORNI/PIATTI [2003], Art. 533 ZGB N 4.
[139] Zur bloss virtuellen Erbenstellung vgl. hinten Rz. 206.
[140] Vgl. FLÜCKIGER [2004], a.a.O. [Fn. 29], S. 99.
[141] Kantonsgericht Wallis, 4.11.04, RVJ 2005, 146.

81 **Rechtsbegehren:**

Es sei angenommen, der Erblasser habe im Testament angeordnet: «Mein einziger Nachkomme X. ist Erbe zu einem Viertel, mein Freund Y. ist Erbe zu drei Vierteln. Die Z-Stiftung erhält ein Barlegat von CHF 100 000.–.» Der Nachlass habe einen Netto-Wert von CHF 1 100 000.–.

Würde das Testament gemäss seinem Wortlaut vollzogen, so erhielte der Pflichtteilserbe Werte von CHF 250 000.–, Y. CHF 750 000.– und die Z-Stiftung CHF 100 000.–. Der Pflichtteil des X. beläuft sich aber auf 75% von CHF 1 100 000.–, d.h. auf CHF 825 000.–. Dieser Pflichtteilsanspruch muss aufgefüllt werden, indem beide Bedachten Y. und Z-Stiftung je um eine gleich grosse Quote herabgesetzt werden. Obwohl einerseits eine Erbquote und anderseits ein Legat herabzusetzen ist, ergibt sich keine grössere Schwierigkeit, weil Geldvermächtnisse in Schweizer Währung auf einen bestimmten Betrag herabgesetzt werden können[142]. Die aufzufüllende Differenz hat einen Wert von CHF 575 000.– (250 000.– + 575 000.– = 825 000.–), so dass der eingesetzte Erbe X. und die Z-Stiftung von ihren Empfängen von total CHF 850 000.– diese Differenz von CHF 575 000.– herausgeben müssen und gesamthaft also nur den Restbetrag von CHF 275 000.– behalten dürfen. Dieser Restbetrag macht 11/34 oder 32,35% der ursprünglichen Zuwendungen aus. Das Rechtsbegehren könnte also lauten:

*«Es seien die Zuwendungen an Y. und an die Z-Stiftung **proportional so** herabzusetzen, dass sie zusammengenommen 25% des Nachlasses ausmachen, nämlich der Erbteil des Y. auf 22.05% des Nachlasses oder CHF 242 647.05 und das Vermächtnis der Z-Stiftung auf CHF 32 352.95.»*

82 Schwieriger wird die Sache rechnerisch, wenn es sich um Sachlegate mit umstrittener Bewertung handelt. Solange der Wert des Nachlasses und derjenige der Legate nicht abschliessend feststehen, steht auch nicht fest, welche Herabsetzungsquote für die bei-

---

[142] Vgl. ZK-ESCHER [1959], Art. 474 N 4; PIOTET, SPR IV/1 [1978], S. 458 f.; SPAHR [1994], a.a.O. [Fn. 92], S. 304; STECK [1972], a.a.O. [Fn. 92], S. 131.

den Beklagten die richtige ist. Will man hier rechnerische Fehler im Rechtsbegehren vermeiden, so muss man dieses abstrakter formulieren und nur das Ziel, nämlich die Auffüllung des Pflichtteils auf eine bestimmte Quote des gesamten Nachlass-Wertes, verlangen, die Konkretisierung durch Bewertungen und abschliessende Berechnungen aber dem Gericht anheimstellen[143].

«1. Es seien die Zuwendungen an Y. und an die Z-Stiftung proportional auf jenen Bruchteil ihres Wertes herabzusetzen, der dem Kläger seinen vollen Pflichtteil von drei Vierteln des Gesamtnachlasses verschafft.

2. Zu diesem Zwecke sei der Teilungswert des Gesamtnachlasses unter Hinzurechnung der ausgleichungspflichtigen oder der Herabsetzung unterliegenden lebzeitigen Zuwendungen festzustellen, soweit erforderlich durch gerichtliche Einholung von Bewertungsgutachten, und es sei auf der Grundlage des so ermittelten Gesamtwertes die Verhältniszahl festzusetzen, um welche die angefochtenen Zuwendungen herabgesetzt werden müssen.»

Erläuterung: Die Herabsetzungsklage gegen letztwillig Bedachte zielt auf ein Gestaltungsurteil ab, das die Berechtigungen am Nachlass (Erbteile und Vermächtnisse) abweichend vom letzten Willen des Erblassers neu gestaltet. Diese Rechtsgestaltung, nicht eine blosse Feststellung, ist im Rechtsbegehren zu verlangen. Die Verhältniszahl, um welche Erbquoten und Vermächtnisse proportional herabzusetzen sind, sollte im Urteilsdispositiv verbindlich festgesetzt werden.

4.3 Lebzeitige Zuwendung als Anfechtungsobjekt (Art. 527–533 ZGB)

Vorbemerkung: Richtet sich der Anspruch gegen einen Miterben, so bringt der Ausgleichungsanspruch gemäss Art. 626 ZGB dem Klä-

---

[143] Vgl. BGE 121 III 249.

ger mehr, nämlich die Auffüllung seines vollen Erbteils[144]. Sind die Voraussetzungen des Art. 626 ZGB zweifelhaft, so empfiehlt sich die Kombination des Hauptbegehrens auf Ausgleichung mit einem Eventualbegehren auf Herabsetzung[145].

85 Bei Herabsetzungsklagen gegen lebzeitig bedachte Personen muss vorfrageweise die Herabsetzbarkeit als solche, d.h. die Frage geklärt werden, ob eine bestimmte Zuwendung unter den Katalog von Art. 527 ZGB fällt (dies dürfte in manchen Fällen umstritten sein).

86 Die Sache wird zusätzlich erschwert durch die Notwendigkeit, die einzelnen Herabsetzungsschuldner in der zeitlichen Prioritätenfolge gemäss Art. 532 ZGB zu belangen (wogegen für die Ermittlung des Umfangs der Herabsetzungs-Berechnungsmasse alle herabsetzungsfähigen, auch die frühesten lebzeitigen Zuwendungen, einzubeziehen sind). Noch komplizierter wird das Verfahren durch das dem Herabsetzungsschuldner eingeräumte Wahlrecht in Analogie zu Art. 526 ZGB: Er kann sich noch während des Prozesses darüber aussprechen, ob er in natura zurückleisten oder ob er Geld einwerfen will[146].

87 **Gerichtsstand:** Am letzten Wohnsitz des Erblassers (Art. 18 Abs. 1 GestG)[147].

---

[144] Vgl. BGE 116 II 667, 670 f. Gemäss einer Minderheitsmeinung soll hingegen auch gegenüber ausgleichungspflichtigen Nachkommen die fünfjährige Frist gemäss Art. 527 Ziff. 3 ZGB zur Anwendung kommen, die die früher erfolgten lebzeitigen Zuwendungen aus der Herabsetzungs-, nicht jedoch aus der Ausgleichungsmasse herausfallen liesse: vgl. z.B. BEAT ZOLLER, Schenkungen und Vorempfänge als herabsetzungspflichtige Zuwendungen, unter besonderer Berücksichtigung des Umgehungstatbestandes, Diss. Zürich 1998, S. 87 ff.

[145] In diesem Sinne hat die Ausgleichung den Vorrang vor der Herabsetzung; vgl. BSK-FORNI/PIATTI [2003], Vorbemerkungen vor Art. 522–533 N 12; zum Themenkreis insgesamt: PAUL EITEL, Die Berücksichtigung lebzeitiger Zuwendungen im Erbrecht – Objekte und Subjekte von Ausgleichung und Herabsetzung, Bern 1998.

[146] Zur Streitfrage der direkten oder bloss analogen Anwendung von Art. 526 ZGB auf lebzeitige Zuwendungen vgl. vorn Rz. 68.

[147] Vgl. die Hinweise vorn Rz. 71.

Aktivlegitimation: Jeder in seinem Pflichtteil verletzte Erbe einzeln[148].   88

Passivlegitimation: Jeder Empfänger einer herabsetzungsfähigen Zuwendung einzeln[149].   89

Befristung: Wie vorn (Rz. 77 ff.).   90

Streitwert: Wie vorn (Rz. 80).   91

Rechtsbegehren: 92

Ausgegangen sei von einem einfachen Tatbestand: Ein verwitweter Vater hinterlässt einen einzigen Sohn X. und einen Nachlass im Wert von CHF 100 000.–. Ein halbes Jahr vor seinem Tod hatte der Vater das hypothekenfreie Einfamilienhaus seiner Lebenspartnerin Y. geschenkt. Das Haus hatte damals und hat heute einen Verkehrswert von CHF 1 000 000.–. Die Beschenkte Y. muss dem Sohn X. also einen Wert von CHF 725 000.– restituieren (und kann einen Wert von CHF 275 000.– behalten), damit der Sohn seinen Pflichtteil von CHF 825 000.– (75% der gesamten Herabsetzungs-Berechnungsmasse von CHF 1 100 000.–) erhält.

Ist die Bewertungsfrage nicht streitig, so kann das Rechtsbegehren folgendermassen lauten: 93

«1. Es sei der Nachlass des am ... verstorbenen X. festzustellen, d.h. es sei festzustellen, dass der Nachlass die in der Klagebeilage 1 (Inventar vom ...) aufgeführten Aktiven und Passiven [mit folgenden Abweichungen ...] umfasst.   94

2. Es sei festzustellen, dass der Pflichtteil des Klägers an diesem Nachlass drei Viertel beträgt.

---

[148] Vgl. im einzelnen vorn Rz. 72 ff. FLÜCKIGER [2004], a.a.O. [Fn. 29], S. 88, weist darauf hin, dass sich aus sachenrechtlichen Gründen eine Ausnahme vom Grundsatz der «inter partes»-Wirkung dann aufdrängt, wenn der Gegenstand der angefochtenen Verfügung eine unteilbare Einheit bildet, über welche mehrere Betroffene beispielsweise nur gemeinsam verfügen können.

[149] Vgl. im einzelnen vorn Rz. 76; **a.M.** unter Berufung auf die Gestaltungswirkung der Herabsetzungsklage BRÄNDLI [2003], a.a.O. [Fn. 99], 339 f.

3. Es sei die Schenkung der Liegenschaft Grundbuch ... [Ort], Sektion ..., Parzelle ..., vom Erblasser an die Beklagte herabzusetzen, soweit dies zur Wahrung des Pflichtteils des Klägers erforderlich ist.

4. Demgemäss sei die Beklagte zu verurteilen, nach ihrer Wahl

   a.) entweder die Liegenschaft Grundbuch ... [Ort], Sektion ..., Parzelle ..., an den Kläger als Alleinerben des Erblassers zu Eigentum zu übertragen, Zug um Zug gegen Bezahlung eines vom Gericht festzusetzenden Geldbetrages durch den Kläger von maximal CHF 275 000.— abzüglich erzielter oder versäumter Erträgnisse ab Klageeinleitung,

   b.) oder dem Kläger den Betrag von CHF 725 000.- zuzüglich Zins zu 5% ab Klageeinleitung[150] zu bezahlen.

5. Der Beklagten sei durch das Gericht eine angemessene Frist anzusetzen zur Ausübung der Wahl gemäss Klagebegehren 4a oder 4b, unter Androhung, dass bei unbenütztem Ablauf der Frist das Urteil aufgrund der Wertanrechnung gemäss Klagebegehren 4b ergeht.»

95 Muss damit gerechnet werden, dass die Beklagte den vom Kläger angenommenen Teilungs- und Anrechnungswert der geschenkten Liegenschaft bestreitet und einen niedrigeren Wert behauptet, so wäre das soeben gezeigte Rechtsbegehren untauglich. Wiederum müsste dann abstrakt geklagt und die Bewertung dem Gericht anheimgestellt werden, beispielsweise folgendermassen:

---

[150] Da die Herabsetzungsklage vermögensrechtlicher Natur ist, wird der Beklagte erst durch die Klageeinreichung und nicht ipso iure bereits am Tode des Erblassers in Verzug gesetzt, den Pflichtteil des Klägers wiederherzustellen: BGE 115 II 211, 212 f.; vgl. auch bereits BGE 102 II 329. Daher können ab Klageeinleitung Verzugszinsen gefordert werden. Kann der Kläger beweisen, dass der Beklagte bösgläubig war (vgl. Art. 528 ZGB), so besteht der Zinsanspruch bereits ab dem Todestag des Erblassers: Benno Studer, Beginn, Abwicklung und Beendigung des Willensvollstreckermandates, in: JEAN NICOLAS DRUEY/PETER BREITSCHMID (Hrsg.), Praktische Probleme der Erbteilung, Bern 1997, S. 97 f.

«1. Es sei der Nachlass des am ... verstorbenen X. festzustellen, d.h. es sei festzustellen, dass der Nachlass die in der Klagebeilage 1 (Inventar vom ...) aufgeführten Aktiven und Passiven [mit folgenden Abweichungen ...] umfasst.

2. Es sei festzustellen, dass der Pflichtteil des Klägers an diesem Nachlass drei Viertel beträgt.

3. Es sei die Schenkung der Liegenschaft Grundbuch ... [Ort], Sektion ..., Parzelle ..., vom Erblasser an die Beklagte herabzusetzen, soweit dies zur Wahrung des Pflichtteils des Klägers erforderlich ist.

4. Demgemäss sei die Beklagte zu verurteilen, nach ihrer Wahl

   a.) entweder die Liegenschaft Grundbuch ... [Ort], Sektion ..., Parzelle ..., an den Kläger als Alleinerben des Erblassers zu Eigentum zu übertragen, Zug um Zug gegen Bezahlung eines vom Gericht festzusetzenden Geldbetrages,

   b.) oder dem Kläger einen vom Gericht festzusetzenden Geldbetrag zu bezahlen,

   wobei die Geldbeträge in beiden Fällen so festzusetzen sind, dass der Kläger seinen Pflichtteil von drei Vierteln der um den Wert der erwähnten Liegenschaft vermehrten Erbschaft seines Vaters ungeschmälert erhält.

5. Zu diesem Zwecke sei der Teilungswert der Erbschaft zuzüglich der der Ausgleichung und/oder Herabsetzung unterliegenden lebzeitigen Zuwendungen festzustellen, soweit erforderlich durch gerichtliche Einholung eines Bewertungsgutachtens für die erwähnte Liegenschaft, und es sei auf der Grundlage des so ermittelten Gesamtwertes der Umfang des klägerischen Pflichtteils von drei Vierteln und der zulässige Maximalwert der beklagtischen Begünstigung festzusetzen.

6. Der Beklagten sei durch das Gericht eine angemessene Frist anzusetzen zur Ausübung der Wahl gemäss Klagebegehren 4a oder 4b, unter Androhung, dass bei unbenütztem Ablauf der Frist das Urteil aufgrund der Wertanrechnung gemäss Klagebegehren 4b ergeht.»

97 **Erläuterung:** Die Herabsetzungsklage hat gemäss bundesgerichtlicher Rechtsprechung auch dann Gestaltungswirkung, wenn sie gegen Zuwendungen unter Lebenden gerichtet ist[151]. Die Herabsetzungsklage gegen lebzeitig Bedachte zielt – zusätzlich zur Gestaltungswirkung – auf ein Leistungsurteil ab, das den Beklagten zur Rückleistung einer seinerzeit gültig zu Eigentum empfangenen Sache oder zur Bezahlung von Geldersatz verpflichtet. Das Urteil verschafft dem Kläger, anders als die (vindikatorische) Erbschaftsklage[152], nicht unmittelbar das Eigentum, hat also keine dingliche, sondern lediglich obligatorische Wirkung[153].

98 Eine *reine Gestaltungsklage* ist zwar grundsätzlich zulässig, aber kaum je zweckmässig[154].

99 Da der Beklagte in der Regel mindestens einen Teil der empfangenen Zuwendung behalten darf und gemäss Art. 526 ZGB das Wahlrecht hat, ob er die Sache in natura zurückgeben oder Geldersatz leisten will, können während des Herabsetzungsprozesses keine vorsorglichen Massnahmen wie z.B. Grundbuchsperren gemäss Art. 960 Abs. 1 Ziff. 1 ZGB zur Sicherung der betreffenden Sache angeordnet werden[155].

---

[151] BGE 102 II 329, 332; BGE 115 II 211, 212. Für Annahme einer Feststellungsklage demgegenüber noch BGE 84 II 685.
[152] Vgl. hinten Rz. 111 ff.
[153] BGE 110 II 232; TUOR/SCHNYDER/SCHMID/RUMO-JUNGO [2002], S. 596; abweichend ein Teil der älteren Lehre, die auch für die Herabsetzungsklage dingliche Wirkung annahm, vgl. ZK-ESCHER [1959], Art. 528 N 6.
[154] Vgl. BGE 70 II 142, 146; BGE 78 II 352; BGE 102 II 329, 333; BSK-FORNI/PIATTI [2003], Vorbemerkungen vor Art. 522–533 N 12.
[155] Tribunale Cantonale Tessin, 30.3.1993, Rep. 1993, S. 159 f.

5. Klage auf Feststellung oder Aberkennung der Erbenqualität bestimmter Personen

Vorbemerkung: Die Erbenqualität eingesetzter Erben wird im *Ungültigkeitsprozess* festgestellt[156]. Die Erbenqualität *gesetzlicher Erben* ist in der Regel nicht streitig, sondern ergibt sich schlüssig aus dem Zivilstandsregister. Streitigkeiten sind denkbar, wenn das Erbrecht aus einem Adoptionsverhältnis unklar ist, wenn einzelne Personen aus Ländern stammen, in denen keine verlässlichen Zivilstandsregister existieren, oder wenn aufgrund komplizierter Verwandtschaftsverhältnisse und Unsicherheiten über das anwendbare (evtl. ausländische) Erbstatut unklar ist, ob eine Person aufgrund ihrer Verwandtschaft zum Kreis der gesetzlichen Erben gehört.   100

Gesetzliche Erben können allenfalls mit der Klage auf Feststellung der *Erbunwürdigkeit* vom Nachlass ausgeschlossen werden. Erbunwürdigkeit setzt Urteilsfähigkeit und Schuld voraus[157]; sie gilt nur für den Unwürdigen selbst, nicht für seine Nachkommen (Art. 541 ZGB). Die Verzeihung durch den Erblasser hebt die Erbunwürdigkeit auf (Art. 540 Abs. 2 ZGB)[158].   101

Gerichtsstand: Am letzten Wohnsitz des Erblassers (Art. 18 Abs. 1 GestG)[159].   102

Aktivlegitimation: Jede Person, die ihre Erbenqualität behauptet oder welche die Erbberechtigung einer anderen Person bestreitet, selbständig.   103

Passivlegitimation: Bei klägerischer Behauptung der Erbenqualität: alle übrigen Erben als notwendige Streitgenossenschaft.   104

Bei Bestreitung der Erbenqualität einer anderen Person: diese andere Person.   105

---

[156] Vgl. dazu vorn Rz. 10 ff.
[157] BGE 74 II 206.
[158] TUOR/SCHNYDER/SCHMID/RUMO-JUNGO [2002], S. 635; BSK-SCHWANDER [2003], Art. 540 N 27.
[159] Vgl. ZK-GRÜNINGER [2001], Art. 18 GestG N 24.

106 **Befristung:** Die Klage auf Feststellung oder Aberkennung der Erbenqualität kann ohne zeitliche Befristung geltendgemacht werden. Ist der Beklagte im Besitz von Nachlasswerten, so müssen die Erben innerhalb der Fristen gemäss Art. 600 ZGB[160] Erbschaftsklage gegen ihn anheben, um die Herausgabe der Erbschaft zu erwirken. Da der Erbunwürdige in der Regel bösgläubig sein wird, wird ihm gegenüber in der Regel die 30jährige Frist gemäss Art. 603 Abs. 3 ZGB zur Anwendung kommen[161].

107 **Streitwert:** Bei der Klage auf Feststellung der Erbenstellung ist Streitwert der potenzielle Prozessgewinn des Klägers im Falle seines Obsiegens, mithin sein Erbteil. Bei der Klage auf Ausschliessung des Beklagten von der Erbschaft ist umgekehrt der Erbteil des *Beklagten* für die Bemessung des Streitwerts massgeblich.

108 **Rechtsbegehren:**

(Feststellung der Erbenstellung infolge Verwandtschaft): «*Es sei festzustellen, dass der Kläger infolge seiner Verwandtschaft gesetzlicher Erbe [z.B.:] zu einem Viertel des am ... verstorbenen X.Y. ist.*»

109 **(Ausschluss des Beklagten von der Erbschaft infolge Erbunwürdigkeit):** «*Es sei festzustellen, dass der Beklagte infolge Erbunwürdigkeit von der Erbschaft des am ... verstorbenen X.Y. ausgeschlossen ist.*»

110 **Erläuterung:** In beiden dargestellten Fällen handelt es sich um Feststellungsklagen. Die Erbunwürdigkeit ist von den mit dem Nachlass befassten Behörden von Amtes wegen auch dann zu berücksichtigen, wenn kein privater Kläger auftritt, also etwa dann, wenn der Alleinerbe den Erblasser vorsätzlich umgebracht hat (Art. 540 Abs. 1 ZGB)[162].

---

[160] Vgl. dazu hinten Rz. 126 ff.
[161] BSK-SCHWANDER [2003], Art. 540 N 25.
[162] Vgl. BSK-SCHWANDER [2003], Art. 540 N 22.

6. Erbschaftsklage (Art. 598–600 ZGB)

Vorbemerkung: Erbschaftsklage heisst jene Gesamtklage, mit der der Erbe einzelne Erbschaftssachen oder die Erbschaft als Ganze von einem besitzenden Nicht-Erben am «forum hereditatis» innerhalb der besonderen Verjährungsfristen von Art. 600 ZGB herausverlangt. Beruft sich der Beklagte auf eine ungültige Verfügung von Todes wegen, so muss der Kläger diese zuerst anfechten, wobei er die Ungültigkeitsklage[163] mit der Erbschaftsklage verbinden kann[164]. 111

Im Prozess gegen den Nicht-Erben können drei Dinge umstritten sein: die Erbenqualität des Klägers, die Nicht-Erbenqualität des Beklagten und die Zugehörigkeit der herausverlangten Sachen zum Nachlass. Der besondere Gerichtsstand und die besondere Verjährungsregelung der Erbschaftsklage erscheint grundsätzlich nur insofern gerechtfertigt, als sich der Prozess um die Frage der Erbberechtigung der einen oder anderen Partei dreht; denn nur diesbezüglich hat das Gericht am letzten Wohnsitz des Erblassers besondere Erkenntnismöglichkeiten und nur diesbezüglich drängt sich die Vereinigung aller (Erbschafts-)Prozesse in der Hand des gleichen Gerichts auf. 112

Dreht sich der Streit aber darum, ob eine einzelne, bestimmte Sache beim Tode des Erblassers zu dessen Vermögen gehört hatte oder nicht, so ist der besondere Gerichtsstand im Grunde genommen nicht gerechtfertigt. Gleiches gilt für die kurze Verjährungsfrist[165]. Behauptet der Beklagte beispielsweise, die Sache gehöre ihm, weil er sie vom Erblasser zu Lebzeiten geschenkt erhalten habe, so erweist sich der Streit als einer, der vom Erblasser, wenn er selber zu Lebzeiten prozessiert hätte, am Wohnsitz des Beklagten zu führen gewesen wäre. Zu Lebzeiten hätte der Erblasser Eigentum geltend gemacht, die Einwendungen des Beklagten widerlegt und die Sache vindiziert[166]. Warum ein solcher Streit nach dem Tode des Erblassers 113

---

[163] Vgl. dazu vorn Rz. 10 ff.
[164] BSK-Forni/Piatti [2003], Art. 598 N 10; zum Verhältnis zwischen Erbschafts- und Herabsetzungsklage vgl. vorn Rz. 60.
[165] Vgl. dazu auch hinten Rz. 126.
[166] Vgl. Tuor/Schnyder/Schmid/Rumo-Jungo [2002], S. 664 f.

zur «Erbschaftsklage» werden soll und nun am letzten Wohnsitz des Erblassers ausgetragen werden kann oder muss, ist nicht ersichtlich. Das Bundesgericht qualifiziert aber auch solche Klagen als Erbschaftsklagen[167], wobei die Zugehörigkeit der umstrittenen Sache zum Nachlass «vorfrageweise» geklärt werde; dies ist eine eigenartige Betrachtungsweise, da ja in solchen Fällen die «Vorfrage» das einzige ist, worüber gestritten wird. Trotzdem lässt sich die bundesgerichtliche Vermengung von Erbschaftsklagen (Streit um das Erbrecht der Prozessparteien) und Singularklagen (Streit um das ehemalige Eigentum des Erblassers an einer bestimmten Sache) erklären, und zwar durch eine im Gesetz angelegte Schwierigkeit. Bestimmt man die Identität und damit die rechtliche Qualifikation einer Klage im Sinne des modernen Zivilprozessrechts aufgrund der drei Kriterien (a) der Identität der Parteien, (b) der Identität der Rechtsbegehren und (c) der Identität des Lebensvorgangs, auf welchen der Kläger sein Begehren abstützt[168], so lassen sich Streitigkeiten um das Erbrecht und Streitigkeiten um das ehemalige Eigentumsrecht des Erblassers nicht immer klar auseinanderhalten. Allemal behauptet der Kläger, die umstrittene Sache habe ehemals dem Erblasser gehört; der Kläger sei Erbe und der Beklagte sei Nicht-Erbe. – Unterschiedlich sind im einen und anderen Falle lediglich die Sachvorbringen des Beklagten: entweder anerkennt er die Zugehörigkeit der Sache zum Nachlass und behauptet, er habe als Erbe ein besseres Recht daran, oder er bestreitet die Zugehörigkeit zum Nachlass und behauptet, er habe als Nicht-Erbe ein besseres Recht daran[169]. Die vorliegende Darstellung folgt der bundesgerichtlichen Rechtsprechung und übernimmt den weiten Begriff der Erbschaftsklage. – Dem Kläger steht es im Übrigen nach wie vor frei, sich auf eine Sonderklage zu berufen, die schon dem Erblasser zustand[170].

---

[167] Vgl. BGE 119 II 114.
[168] Vgl. MAX GULDENER, Schweizerisches Zivilprozessrecht, 3. A., Zürich 1979, S. 199 ff., inbesondere S. 202; OSCAR VOGEL/KARL SPÜHLER, Grundriss des Zivilprozessrechts, 7. A., Bern 2001, § 38 N 1 ff., S. 213 ff.; POUDRET/WURZBURGER/HALDY, Procédure civile vaudoise, 2. A., Lausanne 1996, art. 120 N 5, p. 255.
[169] Vgl. PASCAL SIMONIUS/THOMAS SUTTER, Schweizerisches Immobiliarsachenrecht, Basel 1995, S. 387 ff.
[170] BSK-FORNI/PIATTI [2003], Art. 598 N 1, m.w.H.

Zwischen den Miterben können während der Dauer der Erbengemeinschaft keine Erbschaftsklagen über die Herausgabe von Erbschaftssachen geführt werden, da alle Miterben das gleiche Recht und die gleiche Pflicht haben, die Erbschaftssachen bis zum Vollzug der Teilung zu besitzen. Hier kommt die (unverjährbare)[171] Erbteilungsklage zur Anwendung[172]. 114

Die beiden ersten Streitgegenstände (Erbenqualitäten der Parteien) sind am häufigsten dann umstritten, wenn die Gültigkeit eines Testamentes im Streite liegt. Dann empfiehlt sich Klagenhäufung im gleichen Verfahren, nämlich vorweg die Klage auf Testamentsanfechtung (Ungültigkeitsklage zwecks Entscheid über die Erbberufung) und anschliessend die Erbschaftsklage auf Herausgabe der Erbschaftssachen – alles in der gleichen Klageschrift[173]. 115

Gemäss Art. 599 Abs. 1 ZGB kann die Erbschaftsklage sowohl als Gesamtklage «*auf Herausgabe der Erbschaft*» als auch als Singularklage «*auf Herausgabe der folgenden Erbschaftssachen ... (Liste oder Bezugnahme auf ein Inventar)*» formuliert werden. Schliesslich ist die Kombination denkbar, nämlich als Begehren auf bestimmte Sachen (alle jene, deren Existenz im Besitz des Beklagten dem Kläger bekannt ist) und zudem «*auf alle übrigen Erbschaftssachen, die der Beklagte in seinem Besitz hat*». Es gilt im Übrigen das Surrogationsprinzip, d.h. Ersatzwerte, die an die Stelle von (zu Unrecht) ererbten Vermögenswerten getreten sind, unterliegen ebenfalls der Herausgabepflicht gemäss Art. 599 Abs. 1 ZGB[174]. 116

Das Urteil wirkt bezüglich der zur Erbschaft gehörenden Sachen dinglich, wie ein Vindikationsurteil. Mit dem Urteil wird das sachen- 117

---

[171] BGE 69 II 366; BGE 75 II 292.
[172] Vgl. hinten Rz. 167 ff.
[173] Im bereits erwähnten BGE 119 II 114 ging es ausschliesslich um die Frage, ob der beklagte Nicht-Erbe ein Inhabersparheft von der Erblasserin zu deren Lebzeiten geschenkt erhalten, oder ob er es sich eigenmächtig angeeignet hatte. Die angebliche Schenkung erschien den Gerichten als unglaubwürdig, so dass die Klägerin (die Alleinerbin) im Prozess obsiegte und der Beklagte das Sparheft herausgeben musste. Ein solcher Prozess erweist sich als Geltendmachung eines geerbten Vindikationsanspruchs, nicht als Erbschaftsklage.
[174] BGE 116 II 259, 262; BSK-FORNI/PIATTI [2003], Art. 599 N 2 ff.; TUOR/SCHNYDER/SCHMID/RUMO-JUNGO [2002], S. 666 f.; **a.M.** PIOTET, SPR IV/2 [1981], S. 755 ff.

rechtliche Eigentum der Erbengemeinschaft an der betreffenden Sache festgestellt und der aus diesem Eigentum fliessende Herausgabeanspruch der Erben gegenüber dem Beklagten bestätigt.

118 **Gerichtsstand:** Am letzten Wohnsitz des Erblassers (Art. 18 Abs. 1 GestG)[175]; bei Auslandsbezug: bei letztem Wohnsitz in der Schweiz grundsätzlich hiesiger Gerichtsstand, Art. 86 Abs. 1 IPRG, jedoch nicht ausschliesslich: für auswärtige Grundstücke Gerichtsstand des Belegenheitsstaates, wenn dieser die Zuständigkeit beansprucht (Art. 86 Abs. 2 IPRG); für Ausländer mit letztem Wohnsitz im Ausland gilt Art. 88 Abs. 1 IPRG: ausländische Zuständigkeit, ausser bei Untätigkeit der ausländischen Behörden, wodurch Zuständigkeit der schweizerischen Gerichte am Belegenheitsort der streitigen Vermögenswerte begründet wird[176].

119 **Aktivlegitimation:** *«Wer als gesetzlicher oder als eingesetzter Erbe ein besseres Recht auf eine Erbschaft oder auf Erbschaftswerte zu haben glaubt als der Besitzer»* (Art. 598 Abs. 1 ZGB). Die Erbeneigenschaft des Klägers muss definitiv sein. Die Anhebung einer Erbschaftsklage während der Ausschlagungsfrist oder der Dauer der Errichtung eines öffentlichen Inventars führt daher ohne weiteres zur Verwirkung der Ausschlagungsbefugnis des Klägers gemäss Art. 571 Abs. 2 ZGB[177].

Ist die Erbengemeinschaft noch nicht durch Teilung aufgelöst, so sind – entgegen dem missverständlichen Wortlaut von Art. 598 ZGB – sämtliche Miterben nur gemeinsam aktivlegitimiert (notwendige Streitgenossenschaft)[178], gegebenenfalls gemeinsam vertreten durch einen Erbenvertreter gemäss Art. 602 Abs. 3 ZGB, wobei dieser nur

---

[175] DANIEL ABT, Probleme um die unentgeltlichen lebzeitigen Zuwendungen an Vertrauenspersonen, AJP 2004 1225, 1234; BSK-SPÜHLER [2001], Art. 18 GestG N 4; ZK-GRÜNINGER [2001], Art. 18 GestG N 20; BK-TUOR/PICENONI [1959/1964], Art. 538 N 14; ZK-ESCHER [1960], N 4 zu Art. 538 ZGB; PIOTET, SPR IV/2 [1981], S. 553.
[176] Zum IPR vgl. BSK-FORNI/PIATTI [2003], Art. 598 N 13 ff.
[177] Cour de Justice Genf, 8.5.80, SemJud 1981, 59, 62; unklar BSK-FORNI/PIATTI [2003], Art. 598 N 3.
[178] ABT [2004], a.a.O. [Fn. 175], 1234; DRUEY [2002], § 13 Rz. 49; ZK-ESCHER [1960], Art. 598 N 3; GULDENER, Schweiz. Zivilprozessrecht, 3.A., Zürich 1979, S. 297 f.

Leistung an alle fordern kann[179]. Bei dringlichen prozessualen Vorkehren[180] kann ein einzelner Miterbe fristwahrend gemäss Art. 602 Abs. 3 ZGB als gesetzlicher Vertreter der Erbengemeinschaft handeln[181]; die Zustimmung der andern ist nachzureichen.

Als Erbe gilt auch der mit einer Nacherbeneinsetzung beschwerte Vorerbe sowie, nach Eintritt der Nacherbfolge, der Nacherbe. Aktivlegitimiert sind zudem der gesetzliche Nutzniesser, der amtliche Erbschaftsverwalter, der Willensvollstrecker sowie die Konkursmasse eines Erben[182]. 121

Werden nach abgeschlossener Teilung weitere Erbschaftssachen entdeckt, so besteht diesbezüglich erneut die Erbengemeinschaft als notwendige Streitgenossenschaft. 122

Nicht zur Erbschaftsklage legitimiert sind Vermächtnisnehmer; sie müssen ihre Ansprüche erforderlichenfalls mit der Vermächtnisklage[183] geltendmachen[184]. 123

Passivlegitimation: Der besitzende Nichterbe, der die Erbansprüche der Kläger nicht anerkennt[185]. 124

Vorübergehender Verlust des Besitzes, insbesondere wegen sichernder Massnahmen (z.B. vorsorgliche Sperrung eines Sparhefts durch die Bank) hebt die Passivlegitimation nicht auf[186]. 125

---

[179] BSK-FORNI/PIATTI [2003], Art. 598 ZGB N 3. Vgl. auch TUOR/SCHNYDER/SCHMID/RUMO-JUNGO [2002], S. 665.
[180] Vgl. insbesondere Art. 598 Abs. 2 ZGB bzw. dazu hinten Rz. 141.
[181] BGE 93 II 15; BGE 58 II 195; JOST [1960], S. 153.
[182] BSK-FORNI/PIATTI [2003], Art. 598 N 3 f., m.w.H.; vgl. auch BSK-KARRER [2003], Art. 518 N 83.
[183] Vgl. hinten Rz. 252.
[184] Art. 484, 562 und 601 ZGB, vgl. DRUEY [2002], § 13 Rz. 50.
[185] Vgl. ABT [2004], a.a.O. [Fn. 175], 1234; DRUEY [2002], § 13 Rz. 51; BSK-FORNI/PIATTI [2003], Art. 598 N 6; TUOR/SCHNYDER/SCHMID/RUMO-JUNGO [2002]. S. 665. – Der Erbschaftsverwalter und der Willensvollstrecker, die zugleich Erben sind, können nicht mit der Erbschaftsklage belangt werden. Die Erben müssen stattdessen bei der zuständigen Behörde die Aufhebung der Verwaltung bzw. die Absetzung des Willensvollstreckers (vgl. dazu hinten Rz. 307) verlangen (BGE 90 II 376, 383; BSK-FORNI/PIATTI [2003], Art. 598 N 8).
[186] BGE 119 II 117, E. 4b; BGE 56 II 258, E. 2.

126 **Befristung:** Ist die Berufung des Klägers zur Erbschaft anerkannt und nur das geerbte Eigentumsrecht streitig, so gelten für die Befristung der Klage die grundsätzliche Unverjährbarkeit des Eigentums (zugunsten des Klägers) und – freilich mit Einschränkungen[188] – die sachenrechtlichen Ersitzungsregeln (zugunsten des Beklagten). Der Erbe kann die (vorbehältlich der Ersitzung unverjährbare) Eigentumsklage nach Art. 641 Abs. 2 ZGB auch dann anstrengen, wenn die Erbschaftsklage verwirkt ist; er verliert dabei lediglich die mit der Erbschaftsklage verbundenen Privilegien, namentlich die Möglichkeit der Gesamtklage, die dingliche Surrogation des Kaufpreises, wenn der Beklagte die Liegenschaft verkauft hat, und den einheitlichen Gerichtsstand[189]. Ist hingegen die Berufung des Klägers zur Erbschaft streitig, so gelten zusätzlich die Klagefristen gemäss Art. 600 Abs. 1 ZGB (ein Jahr seit Kenntnis, längstens zehn Jahre), sofern sie kürzer sind als die sachenrechtlichen Fristen.

127 Art. 600 ZGB statuiert gemäss einer Lehrmeinung nach Art. 135 OR unterbrechbare Verjährungsfristen[190], gemäss einer anderen prozessrechtliche Fristen[191], und gemäss einer dritten Verwirkungsfristen[192]. Da die «Verjährung» der Erbschaftsklage derjenigen der Ungültigkeits- und der Herabsetzungsklage[193] nachgebildet ist, ist die letztere Ansicht wohl vorzuziehen, mithin von *Verwirkungsfristen* auszugehen, die weder unterbrochen werden noch ruhen können. Dabei gilt:

---

[188] Vgl. hinten Rz. 128.
[189] ZK-Escher [1960], Art. 600 N 8; BSK-Forni/Piatti [2003], Art. 600 N 7; Piotet, SPR IV/2 [1981], S. 746; BK-Tuor/Picenoni [1959/1964], Art. 600 N 12; **a.M.** Appellationsgericht Basel-Stadt, BJM 1982, S.132; Karl Spiro, Die Begrenzung privater Rechte durch Verjährungs-, Verwirkungs- und Fatalfristen, Bern 1975, Band II, S. 1495, der annimmt, dass der Besitzer durch die Verjährung das behauptete und ausgeübte Recht und das Erbrecht ersitze.
[190] BK-Tuor/Picenoni [1959/1964], Art. 600 N 1 und N 14; Tuor/Schnyder/Schmid/ Rumo-Jungo [2002], S. 666.
[191] Piotet, SPR IV/2 [1978], S. 747 f.
[192] Abt [2004], a.a.O. [Fn. 175], 1234; Peter Nabholz, Verjährung und Verwirkung als Rechtsuntergangsgründe infolge Zeitablaufs, Diss. Zürich 1961, S. 187 ff.; BSK-Forni/Piatti [2003], Art. 600 N 2, wobei letztere solches explizit nur für die einjährige Frist äussern.
[193] Vgl. dazu vorn Rz. 17 und 77 ff.

– Die einjährige relative Frist beginnt mit wirklicher und zuverlässiger Kenntnis des Todes des Erblassers, der Erbberufung und des Besitzes der Erbschaftsgegenstände durch den Beklagten[194]. Die Frist muss gesondert für jede einzelne Erbschaftssache ermittelt werden[195]. Ist eine Klage mit präjudizieller Wirkung wie die Ungültigkeits- oder die Herabsetzungsklage noch nicht verjährt, so beginnt die einjährige Verwirkungsfrist für die Erbschaftsklage erst mit dem endgültigen Urteil über die betreffende Klage[196]. Umgekehrt kommt die Erbschaftsklage nicht mehr in Betracht, wenn die Ungültigkeits- oder die Herabsetzungsklage, die unterschiedliche Voraussetzungen für den Beginn der relativen Frist kennen, bereits verwirkt sind[197].

– Die zehnjährige absolute Frist beginnt bei letztwilligen Verfügungen mit deren amtlicher Veröffentlichung, bei Erbverträgen und bei Intestaterbfolge mit dem Tod des Erblassers[198].

– Bei Bösgläubigkeit des Bedachten gilt nur die im gleichen Zeitpunkt wie die zehnjährige beginnende dreissigjährige Frist[199].

Der Tod des Erblassers kann den Eigentumserwerb durch Ersitzung seitens des gutgläubigen Besitzers (des Beklagten) nicht hinauszögern; er kann nicht die Rechtsstellung des Klägers verbessern, indem er dem Erben einen Vindikationsanspruch, der dem Erblasser wegen Ersitzung bereits verloren war, erneut verschafft. Umstritten ist, ob Art. 599 Abs. 2 die Ersitzung nur gegenüber dem Erbschaftsklä-

128

---

[194] Vgl. BSK-Forni/Piatti [2003], Art. 600 N 3; BK-Tuor/Picenoni [1959/1964], Art. 600 N 2.
[195] ZK-Escher [1960], Art. 600 N 2; BSK-Forni/Piatti [2003], Art. 600 N 3; BK-Tuor/Picenoni [1959/1964], Art. 600 N 4.
[196] BSK-Forni/Piatti [2003], Art. 600 N 6; Piotet, SPR IV/2 [1981], S. 745 f.; **a.M.** BK-Tuor/Picenoni [1959/1964], Art. 600 N 10, gemäss denen die zuverlässige Kenntnis des besseren Rechts bei entgegenstehenden Verfügungen nicht deren gerichtliche Ungültigerklärung voraussetzt.
[197] BSK-Forni/Piatti [2003], Art. 600 N 6.
[198] BSK-Forni/Piatti [2003], Art. 600 N 4; BK-Tuor/Picenoni [1959/1964], Art. 600 N 5; vgl. auch Piotet, SPR IV/2 [1981], S. 719 und 744.
[199] ZK-Escher [1960], Art. 600 N 3 i.V.m. ZK-Escher [1959], Art. 521 N 9; vgl. auch BSK-Forni/Piatti [2003], Art. 600 N 5; BK-Tuor/Picenoni [1959/1964], Art. 600 N 4 und N 6. – Die Bösgläubigkeit muss vor Ablauf der einjährigen und der zehnjährigen Verwirkungsfrist eingetreten sein.

ger²⁰⁰ oder insgesamt, also auch gegenüber Singularklagen der Erben, ausschliesst, solange die Verwirkungsfrist der Erbschaftsklage läuft²⁰¹.

129 Die Klage auf Rückerstattung eines vom Willensvollstrecker fälschlicherweise ausgerichteten Legats ist keine Erbschaftsklage, sondern eine Klage aus ungerechtfertigter Bereicherung. Sie untersteht daher nicht der Befristung der Erbschaftsklage, sondern der Verjährung gemäss Art. 67 OR²⁰².

130 **Streitwert:** Der Wert der vom Beklagten herauszugebenden Erbschaftswerte.

131 **Rechtsbegehren:**

Variante 1: Kombinierte Gesamt- und Singularklage des Alleinerben gegen einen Beklagten, der aufgrund eines ungültigen Testaments seinerseits als eingesetzter Alleinerbe den ganzen Nachlass behändigt hatte (bei einer Mehrheit von Miterben und Putativ-Miterben auf der Kläger- oder Beklagtenseite sind Pluralformen zu wählen):

«1. Der Beklagte sei zu verurteilen, dem Kläger

a.) die Erbschaftssachen A, B, C [soweit eine Herausgabe im Sinne von Besitzübertragung möglich ist],

b.) alle weiteren in seinem Besitze befindlichen Sachen und Rechte, die zur Erbschaft des am ... verstorbenen X.Y. gehören, sowie

c.) alle Surrogate (Ersatzgegenstände), die der Beklagte seit Besitzerwerb der Erbschaft anstelle veräusserter oder untergegangener Erbschaftssachen erworben hat,

herauszugeben sowie dem Kläger CHF ... für die während seiner Besitzesdauer entstandenen Verluste und Schäden an

---

²⁰⁰ So ZK-Escher [1960], Art. 599 N 25; BK-Tuor/Picenoni [1959/1964], Vorbemerkungen zu Art. 598–601 N 17; wohl auch Tuor/Schnyder/Schmid/Rumo-Jungo [2002], S. 667.
²⁰¹ So BSK-Forni/Piatti [2003], Art. 599 N 12; Piotet, SPR IV/2 [1981], S. 746 f.
²⁰² BGE 130 III 547, E. 2.

Erbschaftssachen und -rechten sowie den erzielten oder versäumten Ertrag ab Klageeinleitung zu bezahlen;

2. das Grundbuchamt G sei anzuweisen, auf dem Wege der Grundbuchberichtigung den Beklagten als Eigentümer der Parzelle Grundbuch ..., Sektion ..., Parzelle P, zu löschen und den Kläger K als neuen Eigentümer einzutragen;

3. das Institut für Geistiges Eigentum, Einsteinstrasse 2, 3003 Bern, sei anzuweisen, den Beklagten als Patentinhaber für das Patent P zu löschen und den Kläger als Patentinhaber einzutragen;

4. die Bank B, [Adresse] sei anzuweisen, den Beklagten als Inhaber des Kontos 124.456 zu löschen und den Kläger als neuen Kontoinhaber vorzumerken.»

Variante 2: Singularklage gegen einen Beklagten, der keinen erbrechtlichen Erwerb behauptet: 132

«Der Beklagte sei zu verurteilen, dem Kläger die Sache A herauszugeben.»

Erläuterung: Eine reine Gesamtklage ist gemäss Gesetz zulässig, hat aber wenig praktischen Sinn. Die Zivilrechtspflege hilft dem Kläger nicht, Erbschaftssachen aufzufinden. Was dem Kläger verborgen bleibt, das kann er faktisch nicht erstreiten. Daran ändert auch ein wohlklingendes Urteil auf «Herausgabe der gesamten Erbschaft des X.Y.» nichts.   133

Die Berufung und Nicht-Berufung der Parteien zur Erbschaft ist, sofern streitig, in einer ***Gestaltungsklage*** (im Falle der Testamentsanfechtung) oder in einer ***Feststellungsklage*** (im Falle des Streits um die gesetzliche Erbberechtigung und die Quotenberechtigung oder im Falle eines Streits um die Auslegung eines als gültig anerkannten Testaments) geltend zu machen. Die Gestaltungs- oder Feststellungsklage kann separat erhoben werden, oder auf dem Wege der Klagenhäufung zusammen mit der Erbschaftsklage in der gleichen Klageschrift [203].   134

---

[203] Vgl. BSK-FORNI/PIATTI [2003], Art. 598 N 10; vgl. bereits vorn Rz. 111.

135 Sind die Erbenqualitäten der Parteien nicht streitig, so ist ein einleitendes Feststellungsbegehren überflüssig, aber unschädlich (z.B.: *«Es sei festzustellen, dass der Kläger Erbe ist, bzw. dass der Beklagte nicht Erbe ist»*).

136 Dass der Kläger im Falle der Erstreitung seiner Erbenstellung (etwa durch Testamentsanfechtung) auch die Nachlassschulden übernehmen muss, versteht sich von selbst und braucht im Rechtsbegehren der Erbschaftsklage nicht erwähnt zu werden. Der Beklagte hat die Schuldenbefreiung gegebenenfalls einredeweise geltend zu machen, worauf sich der Kläger in der Replik bei seiner Bereitschaft behaften lassen kann, die Nachlassschulden zu übernehmen.

137 Für die im Urteil zugesprochenen Gegenstände entsteht *res iudicata*. Die abstrakte Zusprechung «der Erbschaft» schafft aber nicht *res iudicata* für später entdeckte Erbschaftssachen, deren Zugehörigkeit zur Erbschaft vom Beklagten bestritten wird. Entdeckt der Kläger solche Sachen, so kann er erneut auf deren Herausgabe klagen. Anerkennt der Beklagte die Zugehörigkeit einer Sache zur Erbschaft, so fällt deren Behändigung durch den ehemaligen Kläger in den Bereich der Vollstreckung des ergangenen Gesamt-Urteils [204].

138 Der Rechtsbehelf gegen Miterben auf Herausgabe von Erbschaftssachen nach Abschluss des Teilungsvertrags oder nach Rechtskraft eines Teilungsurteils ist keine Erbschaftsklage, sondern eine Klage auf Durchsetzung des Teilungsaktes bzw. ein Begehren um Vollstreckung des Teilungsurteils [205].

139 Die Rechtsbegehren Nr. 2–4 zielen ab auf unmittelbare gerichtliche Urteilsvollstreckung. Ohne solche Begehren muss sich der Kläger selber um die Vollstreckung kümmern und sich mit dem gemäss Rechtsbegehren Nr. 1 erstrittenen Urteil ans Grundbuchamt, ans Institut für Geistiges Eigentum und an die Bank wenden. Dann fallen ihm die Grundbuchgebühren zu (sofern er nicht in einem zusätzlichen Rechtsbegehren vorausschauend die Verurteilung des Beklagten zur Tragung der Grundbuchgebühren verlangt hat). Wird das Gericht selber gemäss den Begehren 2–4 tätig, so gehen die Ge-

---

[204] Vgl. aber die abweichende Meinung von PATRICK SOMM, Die Erbschaftsklage des Schweizerischen Zivilgesetzbuches, Diss. Basel 1994, S. 44, Text zu Fn. 217.
[205] BGE 69 II 366 f.; vgl. dazu hinten Rz. 231 ff.

bührenrechnungen ans Gericht und werden, als Teil der Gerichtsgebührenrechnung, automatisch dem Beklagten überbunden[206].

Das Rechtsbegehren Nr. 4 zielt nicht darauf ab, dass durch das Urteil ein neues Vertragsverhältnis (Kontobeziehung) zwischen Kläger und Bank geschaffen wird (dies könnte durch das Urteil nicht bewirkt werden), sondern auf die autoritative Feststellung, dass die Kontobeziehung seit dem Tod des Erblassers bereits zwischen dem Kläger und der Bank bestanden hat, und zwar von Gesetzes wegen kraft Erbgang und Universalsukzession. Der Pseudo-Erbe (der Beklagte) ist also zu Unrecht als neuer Kontoinhaber vermerkt worden und im Einklang mit der tatsächlichen Rechtslage zu löschen. Wie bei der Grundbuchberichtigung (Rechtsbegehren 2) handelt es sich auch gegenüber der Bank bloss um eine Berichtigung gemäss der wirklichen Rechtslage, nicht um eine richterliche Rechtsgestaltung. Verlangt werden kann allerdings nur die Umschreibung des Kontos auf den Alleinerben oder auf sämtliche Erben als Gesamthänder. 140

Gemäss Art. 598 Abs. 2 ZGB kann das Gericht[207] auf Verlangen des Klägers die zu dessen Sicherung erforderlichen Massregeln treffen (z.B. die Anordnung von Sicherstellung oder die Ermächtigung zu einer Vormerkung im Grundbuch gemäss Art. 960 Abs. 1 Ziff. 1 ZGB), wenn der Kläger begründeten Anlass zur Annahme hat, dass der Vermächtnisbeschwerte anderweitig darüber verfügen könnte[208]. Die gesetzliche Auflistung ist nicht abschliessend, sondern es können beispielsweise auch die Aufnahme eines Inventars, eine Hinterlegung, die Übergabe an eine Amtsstelle, eine Erbschaftsverwaltung oder ein Veräusserungsverbot ausgesprochen werden. Soweit bereits eine zum Zwecke der Sicherung des Erbgangs ernannte Erbschaftsverwaltung besteht, schliesst dies hingegen gerichtliche Sicherungsmassregeln 141

---

[206] Vgl. PIOTET, SPR IV/2 [1981], 779.
[207] In Basel-Stadt ist gemäss § 148 EGZGB ein Zivilgerichtspräsident als Einzelrichter für die Sicherstellungsbegehren des Erbschaftsklägers zuständig; er entscheidet auf einseitiges Begehren, hört jedoch die Parteien an, wenn keine Gefahr im Verzug ist. Die unterliegende Partei kann den Entscheid innert zehn Tagen nach erfolgter Präsidialverfügung an das Zivilgericht (Kammer) weiterziehen, dessen Entscheid endgültig ist.
[208] BGE 122 III 213.

gestützt auf Art. 598 Abs. 2 ZGB aus[209]. Soweit Sicherungsmassnahmen vor der Litispendenz der Erbschaftsklage beantragt werden, ergehen sie nicht gestützt auf Art. 598 Abs. 2 ZGB, sondern auf das kantonale Zivilprozessrecht[210].

---

[209] BSK-FORNI/PIATTI [2003], Art. 598 N 12.
[210] BSK-FORNI/PIATTI [2003], Art. 598 N 11.

7. Ausgleichungsklage (Art. 626 ff. ZGB)

Vorbemerkung: Die Ausgleichung verschafft dem Grundsatz der Gleichbehandlung der gesetzlichen Erben Nachachtung. Bei ihr werden lebzeitige unentgeltliche oder zumindest teilweise unentgeltliche Zuwendungen[211] des Erblassers an Erben, welche der Erblasser tatsächlich oder gemäss der gesetzlichen Vermutung zur Ausgleichung bringen wollte, rechnerisch dem Nachlass zugerechnet. Anhand der so errechneten Teilungsmasse werden die Erbteile errechnet, bevor die Erbteilung durchgeführt wird[212].

142

Der häufigste Schauplatz von Ausgleichungsstreitigkeiten ist der Konflikt zwischen Geschwistern. Wo immer sich Kinder von ihren Eltern schlechter als ihre Geschwister behandelt fühlen, ist der Keim zum Geschwisterstreit gelegt. Die biblische Geschichte von Kain und Abel, die im Brudermord endete, illustriert dies. Ausgleichungsstreitigkeiten zwischen Geschwistern gehören zu den emotionsgeladensten und damit unangenehmsten Auseinandersetzungen, denen Parteien, Anwälte und Gerichte begegnen. Die Hauptschwierigkeit für den Kläger liegt meist in der Beweislage. Die vermuteten Zuwendungen der Eltern an seine Geschwister liegen zuweilen mehrere Jahrzehnte zurück. Die Eltern und die begünstigten Geschwister mögen die Beweismittel absichtlich oder unabsichtlich beseitigt haben. Ist die Übertragung etwa eines Grundstücks oder des elterlichen Geschäftes auf einen von mehreren Nachkommen beweisbar und wurde seitens des übernehmenden Miterben damals ein Preis bezahlt (oder vom Elternteil mindestens dafür quittiert), dann mag unbeweisbar bleiben, ob und in welchem Umfang der damalige Kauf einen verdeckten Mehrwert unabgegolten liess und also eine gemischte Schenkung darstellte. Wurde die damalige Übertragung als einfacher Kauf dargestellt, dann liegt die Beweislast für die Schenkung stiller Reserven beim Ausgleichungskläger. Fehlen ihm Bewertungsunterlagen aus der damaligen Zeit, dann ist seine Ausgleichungsklage nur erschwert möglich, nämlich anhand von historischen Schätzungen.

143

---

[211] Zum (unscharfen) Begriff der «Zuwendungen» vgl. DRUEY [2002], § 7 Rz. 29 ff.; BK-EITEL [2004], Art. 626 N 17 ff.
[212] BGE 131 III 49, E. 4.3.2. Vgl. auch BK-EITEL [2004], Art. 628 N 12.

Auch wenn die Eltern über ihre Leistungen an die Kinder Buch geführt und Quittungen aufbewahrt haben, sind solche Sammlungen oft unvollständig. Die Lücken können verschiedene Gründe haben: Entweder wollten die Eltern bestimmte Leistungen nicht ausgeglichen sehen und verzichteten aus diesem Grund auf ihre Dokumentierung, oder die Lücke entstand aus Nachlässigkeit oder gar, weil ein interessierter Erbe die ihn belastenden Teile der elterlichen Dokumentensammlung beseitigt hat. So kann sich ein den Eltern geographisch entfernter Erbe plötzlich mit Ausgleichungsforderungen von Geschwistern konfrontiert sehen, die mit den Eltern in Hausgemeinschaft gelebt hatten oder ihnen sonstwie näher standen, und dies, obwohl er in guten Treuen überzeugt ist, dass er am wenigsten, die andern viel mehr zugewendet erhalten haben. Bloss fehlen alle schriftlichen Belege für die Zuwendungen an die anderen, wogegen sich alles, was den Beklagten belastet, fein säuberlich dokumentiert findet. Die Beweisschwierigkeiten sind schliesslich in vielen Fällen auch dadurch begründet, dass die Eltern im Verhältnis zu ihren Kindern eine natürliche Abneigung empfinden, über ihre Zuwendungen Rechenschaft abzulegen. Die Eltern fühlen sich gegenüber den Kindern autonom. Wenn sie dem einen etwas geben, so geht dies gemäss einer natürlichen Empfindung mancher Elternteile die andern Kinder nichts an. Die Eltern wissen selber am besten, was gerecht ist, und mögen sich von ihren Nachkommen weder in die Karten schauen noch kontrollieren lassen. So unterbleibt in vielen Fällen nicht nur die Dokumentation der Zuwendungen, sondern auch die schriftliche Dokumentierung der Unterwerfung unter die Ausgleichungspflicht oder des Dispenses davon. Die erbrechtliche Ausgleichung unterschiedlicher Zuwendungen ist ein Thema, das manche Eltern nicht anrühren mögen.

144 Da mittlerweile Judikatur und Literatur zu diversen ausgleichungsrechtlichen Fragen ein derartiges Durcheinander der Meinungen und damit eine qualifizierte Rechtsunsicherheit geschaffen haben, ist Eltern und ihren Rechtsberatern dringend zu empfehlen, die erbrechtliche Ausgleichung zwischen ihren Nachkommen zu Lebzeiten ausdrücklich und klar zu regeln, sei es testamentarisch-einseitig oder – noch besser – erbvertraglich unter Einbezug sämtlicher Nachkommen.

Am häufigsten drehen sich Streitigkeiten um die Ausgleichung von 145
Einzelzuwendungen wie beispielsweise die Übertragung grösserer
Geldsummen, Sachen, Vermögensgesamtheiten oder Unternehmungen, auch in der Form gemischter Schenkungen[213]:

- Art. 626 Abs. 1 bezieht sich auf **sämtliche gesetzlichen Erben.** Zwischen ihnen ist nur ausgleichungspflichtig, was bei der Hingabe *ausdrücklich der Ausgleichungspflicht unterstellt* wurde.

- Art. 626 Abs. 2 bezieht sich auf das Verhältnis der **Nachkommen** untereinander. Zwischen ihnen ist von Gesetzes wegen, *unter dem Vorbehalt des ausdrücklichen Dispenses,* ausgleichungspflichtig, was «**Ausstattungs-Charakter**» hat, d.h. was der *Begründung, Verbesserung, Sicherung der Existenz* dient; also z.B. die Schenkung der Geschäftsliegenschaft, eines vermieteten Mehrfamilienhauses, nicht aber eines Motorbootes zum Vergnügen[214].

- Der **Ausgleichungs-Dispens** gemäss Art. 626 Abs. 2 muss zwar nicht in der Form einer Verfügung von Todes wegen, jedoch *mit*

---

[213] Bei gemischten Schenkungen ist der unentgeltliche Teil ausgleichungspflichtig: vgl. dazu BK-EITEL [2004], Art. 626 N 112 ff.; BSK-FORNI/PIATTI [2003], Art. 626 N 9.

[214] Statt vieler: BGE 76 II 188; BGE 116 II 673; BGE 131 III 49, E. 4; BGE 5C.135/2005, 2.11.05, E. 2.3; BSK-FORNI/PIATTI [2003], Art. 626 N 14 ff., m.w.H. – PAUL EITEL setzt sich in seiner 650seitigen Monographie ausgiebig mit der Frage auseinander, ob Art. 626 Abs. 2 ZGB im Sinne des hievor dargestellten Konzeptes der «**Versorgungskollation**» (einzuwerfen ist in die Berechnungsmasse nur, was der Versorgung diente) oder dem Konzept der «**Schenkungskollation**» (einzuwerfen ist jede grössere Schenkung, auch ohne Versorgungs-Charakter) auszulegen ist (PAUL EITEL, Die Berücksichtigung lebzeitiger Zuwendungen im Erbrecht, Bern 1998). EITEL schliesst sich – der bundesgerichtlichen Rechtsprechung widersprechend – den Verfechtern der Schenkungskollation an, und zwar aus Praktikabilitätsgründen (vgl. besonders deutlich in N 24 ff. zu § 16) und auch wegen des Gleichbehandlungsgebotes (N 46 ff. zu § 16). Im Lichte dieser Theorie genügt es, kleine und grosse Zuwendungen rechtlich voneinander abzugrenzen. Die letzteren sind ausgleichungspflichtig. In einem Aufsatz (ZSR 118 [1999], S. 69, 73 ff.) verteidigt EITEL das Konzept der Schenkungskollation gegen die von PIOTET (PAUL PIOTET, ZSR 118 [1999], S. 51, 54 ff.) erhobenen Einwände. Die neueste Darstellung der beiden Theorien findet sich bei BENN [2000], a.a.O. [Fn. 99], S. 57–73. Ebenfalls im Sinne der Schenkungskollation äussert sich DRUEY [2002], § 7 Rz. 38.

einer gewissen Ausdrücklichkeit erfolgen[215]. Der Umstand, dass bei einer gemischten Schenkung (z.B. Liegenschaftskauf zu verbilligtem Preis) die Zuwendung verdeckt erfolgt ist, ist kein Indiz für den Willen des Zuwendenden, von der Ausgleichungspflicht zu dispensieren.

146 Streitig können jedoch auch **periodisch wiederkehrende Geldleistungen** der Eltern an ihre Kinder für Unterhalt, Erziehung und Ausbildung sein:

– Das übliche Mass[216] überschreitende **Leistungen für Erziehung und Ausbildung der Nachkommen** unterliegen gemäss Art. 631 ZGB grundsätzlich der gesetzlichen Ausgleichung[217]. – Die Leis-

---

[215] BGE 131 III 49 E. 4.2, m.w.H. Vgl. auch BSK-FORNI/PIATTI [2003], Art. 626 N 18 f., m.w.H.

[216] Nach h.L. gilt als üblich i.S.v. Art. 631 Abs. 1 ZGB das in der betreffenden Bevölkerungsschicht und dem betreffenden Berufsstand Gebräuchliche und das den Verhältnissen des Erblassers und seiner Familie Angemessene in dem Zeitpunkt, in dem die Auslage erfolgt (ZK-ESCHER [1960], Art. 631 N 9; BSK-FORNI/PIATTI [2003], Art. 631 N 2; BK-TUOR/PICENONI [1959/1964], Art. 631 N 11; vgl. EITEL [1998], a.a.O. [Fn. 214], § 9 N 12, S. 151). Da Kinder unterschiedlich veranlagt und begabt sein können, können für die einzelnen Kinder unterschiedlich hohe Auslagen als üblich erscheinen (vgl. EITEL [1998], a.a.O. [Fn. 214], § 9 N 13, S. 152; BK-TUOR/PICENONI [1959/1964], Art. 631 N 7; VOLLERY [1994], a.a.O. [Fn. 95], S. 48; PIERRE WIDMER, Grundfragen der erbrechtlichen Ausgleichung, Diss. Bern 1971, S. 35). Gemäss EITEL gelten diejenigen Erziehungskosten als üblich i.S.v. Art. 631 Abs. 1 ZGB, die entstehen, bis das Kind unter normalen Umständen selbst für sein Fortkommen sorgen kann (EITEL [1998], a.a.O. [Fn. 214], § 9 N 22, S. 156 und N 33 f., S. 160 f.). Als Zeitpunkt, ab dem das Kind für sich selbst sorgen kann, nimmt EITEL den Zeitpunkt des Abschlusses einer Berufslehre an, da eine Lehre nach beendeter Schulpflicht noch immer die Regel darstelle (EITEL [1998], a.a.O. [Fn. 214], § 9 N 26, S. 158). Da nach der Definition der h.L. die im Normalfall gegebene Gleichbehandlung der Kinder bei unterschiedlicher Begabung und unterschiedlichen Anlagen nicht mehr gewährleistet ist, ist die Ansicht von EITEL vorzuziehen.

[217] Nach einer Ansicht ordnet Art. 626 Abs. 2 ZGB die Ausgleichung an und wird durch Art. 631 Abs. 1 ZGB als *lex specialis* eingeschränkt (vgl. DRUEY [2002], § 7 Rz. 34; JEAN NICOLAS DRUEY, Ausgleichung oder Rapport, in: Mélanges Paul Piotet, FRITZ STURM (Hrsg.), Bern 1990, S. 25, 39; ZK-ESCHER, [1960], Art. 631 N 1; BSK-FORNI/PIATTI [2003], Art. 631 N 1; LUC VOLLERY [1994], a.a.O. [Fn. 95], S. 44, 44 f. und 51 f.); nach einer anderen ordnet Art. 631 Abs. 1 ZGB die Ausgleichung an und fallen folglich die Erziehungs- und Ausbildungskosten nicht unter

tungen für Erziehung und Ausbildung i.S.v. Art. 631 Abs. 1 ZGB umfassen auch den **allgemeinen Unterhalt,** soweit dieser in einem unmittelbaren Zusammenhang mit der Gewährleistung von Erziehung und Ausbildung steht[218]. Der gesetzlich geschuldete Unterhalt darf nicht mit den üblichen Erziehungskosten i.S.v. Art. 631 Abs. 1 ZGB gleichgesetzt werden, weil er das ausgleichungsrechtlich übliche Mass unter- oder überschreiten kann[219].

– Nach bundesgerichtlicher Rechtsprechung und h.L. können **Zuwendungen in Erfüllung einer gesetzlichen Pflicht,** insbesondere einer Unterhaltspflicht nach Art. 276 f. ZGB, **nicht der gesetzlichen Ausgleichung** unterliegen, weil sie keine unentgeltlichen und/oder freiwilligen Zuwendungen darstellen[220]. Gemäss einer Minderheitsmeinung können auch (grosse) gesetzlich geschuldete Leistungen der Ausgleichung unterliegen[221].

Art. 626 Abs. 2 ZGB (REGINA ELISABETH AEBI-MÜLLER, Die optimale Begünstigung des überlebenden Ehegatten, Diss. Bern 2000 = Abhandlungen zum schweizerischen Recht, H. 641, N 08.36, S. 204; PIOTET, SPR IV/I [1978], S. 292 und 338; BK-TUOR/PICENONI [1959/1964], Art. 626 N 39a; ZOLLER [1998], a.a.O. [Fn. 144, S. 42 f.]

[218] EITEL [1998], a.a.O. [Fn. 214], § 9 N 8, S. 149.

[219] EITEL [1998], a.a.O. [Fn. 214], § 9 N 27 f., S. 158 f.; vgl. PIOTET, SPR IV/I [1978], S. 338; MICHELE WINISTÖRFER, Die unentgeltliche Zuwendung im Privatrecht, insbesondere im Erbrecht, Diss. Zürich 2000, S. 183.

[220] BGE 76 II 212, 214 = Pra 40/1951 Nr. 3 S. 4 f.; BENN [2000], a.a.O. [Fn. 99], S. 22 f., 32 und 76 f.; BSK-FORNI/PIATTI [2003], Art. 626 N 12 und Art. 631 N 5; PIOTET, SPR IV/I [1978], S. 304 und 337; SPAHR [1994], a.a.O. [Fn. 92], S. 161; BK-TUOR/PICENONI [1959/1964], Art. 631 N 13; VOLLERY [1994], a.a.O. [Fn. 95], N 71 f., S. 46 ff.; PETER WEIMAR, Zehn Thesen zur erbrechtlichen Ausgleichung, in: Familie und Recht, Festgabe der Rechtswissenschaftlichen Fakultät der Universität Freiburg für Bernhard Schnyder zum 65. Geburtstag, PETER GAUCH/JÖRG SCHMID/PAUL-HENRI STEINAUER/PIERRE TERCIER/FRANZ WERRO (Hrsg.), Freiburg 1995, S. 833, 834; WINISTÖRFER [2000], a.a.O. [Fn. 219], S. 55, 117, 130, 188 f., 195 und 238 f.; ZOLLER [1998], a.a.O. [Fn. 144], S. 8.

[221] PETER BREITSCHMID, Vorweggenommene Erbfolge und Teilung. Probleme um Herabsetzung und Ausgleichung, in: DRUEY/BREITSCHMID (Hrsg.), Praktische Probleme der Erbteilung, Bern 1997, S. 66; DRUEY [2002], § 7 Rz. 34; DRUEY, Ausgleichung oder Rapport, in: Mélanges Paul Piotet, Bern 1990, S. 25, 41 f.; EITEL [1998], a.a.O. [Fn. 214], § 9 N 14, S. 152 f., N 25, S. 157 f., N 39, S. 163. Da die familienrechtlichen Unterhalts- und Unterstützungspflichten nicht eine definitive Verteilung der Güter, sondern bloss die Stillung unmittelbarer Bedürfnisse

- Die **erblasserische Anordnung der Ausgleichung gesetzlicher Pflichtzuwendungen** ist nach bundesgerichtlicher Rechtsprechung und h.L. ausgeschlossen bei gesetzlichen Pflichtzuwendungen, die nicht der gesetzlichen Ausgleichung unterliegen, jedenfalls soweit die Anordnung der Ausgleichung in den Pflichtteil des Empfängers eingreifen würde [222]; gemäss einer (älteren) Minderheitsmeinung ist die Anordnung der Ausgleichung gesetzlicher Pflichtzuwendungen uneingeschränkt zulässig [223]. Soweit Zuwendungen der gesetzlichen Ausgleichung unterliegen, kann selbstredend der Erblasser die Ausgleichung verbindlich anordnen [224]. Ausserdem können die Parteien einvernehmlich eine rechtlich geschuldete Leistung für ausgleichungspflichtig erklären [225].

---

zum Ziel haben, und da der Gesetzgeber mit der Anordnung von Unterhalts- und Unterstützungspflichten die unmittelbaren individuellen Bedürfnisse des Einzelnen sicherstellen, nicht jedoch in die in Art. 626 ZGB verankerte Gleichbehandlung eingreifen will, verdient die Minderheitsmeinung den Vorzug (vgl. DRUEY, Ausgleichung oder Rapport, S. 25, 42; DRUEY [2002], § 7 Rz. 34). – In die gleiche Richtung wie die angeführte Minderheitsmeinung geht die Meinung, wonach die *das übliche Mass nach Art. 631 Abs. 1 ZGB übersteigenden* Erziehungs- und Ausbildungskosten der gesetzlichen Ausgleichung unterstellt werden müssen, ungeachtet dessen, ob sie gesetzlich geschuldet sind oder nicht: EITEL [1998], a.a.O. [Fn. 214], § 9 N 22, S. 156 und N 25 f., S. 157 f.; zustimmend AEBI-MÜLLER [2000], a.a.O. [Fn. 217], N 08.36, S. 204.

[222] BGE 76 II 212, 214 = Pra 40/1951 Nr. 3 S. 4 f.; BENN [2000], a.a.O. [Fn. 99], S. 76 und 267; EITEL [1998], a.a.O. [Fn. 214], § 9 N 45, S. 165 f.; ZK-ESCHER [1960], Art. 631 N 7; BSK-FORNI/PIATTI [2003], Art. 631 N 5; VOLLERY [1994], a.a.O. [Fn. 95], N 72, S. 49; WEIMAR [1995], a.a.O. [Fn. 220], S. 833, 834 f.; WIDMER [1971], a.a.O. [Fn. 216], S. 135; WINISTÖRFER [2000], a.a.O. [Fn. 219], S. 130 und 188.

[223] Vgl. die Nachweise bei EITEL [1998], a.a.O. [Fn. 214], § 9 N 42, S. 164. Da der Anspruch auf den Nachlass im Rahmen des Pflichtteilsrechts neben demjenigen auf Erfüllung einer unter Lebenden entstandenen gesetzlichen Verpflichtung besteht, ist der h.L. und der bundesgerichtlichen Rechtsprechung zu folgen (vgl. EITEL [1998], a.a.O. [Fn. 214], § 9 N 45, S. 165 f.

[224] EITEL [1998], a.a.O. [Fn. 214], § 11 N 4, S. 186; BSK-FORNI/PIATTI [2003], Art. 626 N 19.

[225] Vgl. BENN [2000], a.a.O. [Fn. 99], S. 168, 260 und 267 f.; WINISTÖRFER [2000], a.a.O. [Fn. 219], S. 129, 195 und 239; **a.M.** WEIMAR [1995], a.a.O. [Fn. 220], S. 833, 835. – Sofern die Ausgleichung einer gesetzlichen Pflichtzuwendung, die nicht der gesetzlichen Ausgleichung unterliegt, in einer Verfügung von Todes wegen angeordnet wird, kann die Anordnung der Ausgleichung in eine Belastung des Zuwendungsempfängers mit einem Vermächtnis zugunsten der Erbengemein-

– Wenn der Erblasser dem Zuwendungsempfänger eine periodisch erfolgende Sach- oder Dienstleistung ohne marktgerechte Gegenleistung hat zukommen lassen (z.B. Gewährung von Kost und Logis im eigenen Haushalt ohne Erhebung eines Kostgeldes oder unter Erhebung eines bloss symbolischen Kostgeldes; Darlehensgewährung unter Verzicht auf eine marktübliche Verzinsung; Ausleihe relevanter Vermögensbestandteile, etwa eines Hauses, an einen Nachkommen), so dürfte eine natürliche Vermutung dafür sprechen, dass er dadurch implizit seine Meinung zum Ausdruck gebracht hat, diese Zuwendung sei nicht auszugleichen[226]. Es wird dann gegebenenfalls Sache des Ausgleichungsklägers sein, den Gegenbeweis zu erbringen.

Ob Zuwendungen für Erziehung und Ausbildung in der Form periodischer Leistungen oder einer einmaligen Zahlung erfolgen, und auch ob sie aus vorhandenem Kapital oder laufenden Einkünften erbracht werden, ist für die Ausgleichungspflicht unerheblich[227]. 147

Gerichtsstand: Am letzten Wohnsitz des Erblassers (Art. 18 Abs. 1 GestG)[228]. 148

Aktivlegitimation: Jeder am Nachlass beteiligte gesetzliche Miterbe einzeln und selbständig, einschliesslich des überlebenden Ehegat- 149

---

schaft in Höhe des Wertes der Zuwendung umgedeutet werden (Ausgleichungsvermächtnis): vgl. BSK-FORNI/PIATTI [2003], Art. 626 N 18, m.w.H. Das Ausgleichungsvermächtnis unterliegt gegebenenfalls der Herabsetzung nach Art. 522 ZGB (vgl. BENN [2000], a.a.O. [Fn. 99], S. 77 i.V.m. 261; ZK-ESCHER [1960], Art. 631 N 7; WEIMAR [1995], a.a.O. [Fn. 220], S. 833, 835 und 849 f.).

[226] Vgl. BK-EITEL [2004], Art. 626 N 108 f. Zu beachten ist auch, dass die betreffende Leistung auch in (vermutungsweise wohl abschliessender) Abgeltung eines Lidlohnanspruchs (vgl. Art. 334, 334bis und 603 Abs. 2), also als Entgelt für die Gewährung von Sicherheit, Pflege und Betreuung, erfolgen kann.

[227] ZK-ESCHER [1960], Art. 631 N 5; BK-TUOR/PICENONI [1957/1973], Art. 631 N 4.

[228] Vgl. BK-EITEL [2004], Vorbemerkungen vor Art. 626 ff. N 35; ZK-GRÜNINGER [2001], Art. 18 GestG N 24; JOST [1960], S. 129; BSK-SPÜHLER [2001], Art. 18 GestG N 4.

ten, und zwar auch in den Fällen von Art. 626 Abs. 2 ZGB[229], mit Wirkung für und gegen ihn selbst. Jeder Miterbe kann selbständig klagen; das Urteil wirkt entsprechend nur unter den Prozessbeteiligten.

150 Nicht aktivlegitimiert sind eingesetzte nicht-gesetzliche Erben[230].

151 Wer gleichzeitig eingesetzter und gesetzlicher Erbe ist, ist nur dann aktivlegitimiert, wenn die testamentarische Regelung im Rahmen der gesetzlichen Erbfolge verblieben ist. Andernfalls wird ein Wille des Erblassers zur Ungleichbehandlung angenommen[231].

152 **Passivlegitimation:** Der gesetzliche Miterbe, der die lebzeitige Zuwendung (persönlich) erhalten hat[232].

153 Passivlegitimiert ist auch der gesetzliche Erbeserbe, ob Nachkomme oder nicht, der an die Stelle des vor oder nach dem Erbgang weggefallenen gesetzlichen Erben tritt, da die Ausgleichungspflicht der auf ihn übergegangenen Erbberechtigung folgt (Art. 627 ZGB)[233].

154 Umstritten ist, ob mit der Ausgleichungsberechtigung des Ehegatten im Falle von Art. 626 Abs. 2 ZGB eine Ausgleichungspflicht korreliert, ob also ein Symmetrieprinzip gilt[234].

---

[229] BGE 77 II 228; AEBI-MÜLLER [2000], a.a.O. [Fn. 217], N 08.29, S. 201 f.; BENN [2000], a.a.O. [Fn. 99], S. 90; PAUL PIOTET, ZSR 118 [1999], S. 51, 57 ff.; **a.M.** EITEL [1998], a.a.O. [Fn. 214], § 20 N 1 ff. und N 46 ff., und ZSR 118 [1999], S. 69, 83 ff.

[230] Vgl. EITEL [1998], a.a.O. [Fn. 214], § 24 N 1 ff., N 34; JOST [1960], S. 129 f.

[231] So zutreffend JOST [1960], S. 130, ZK-ESCHER [1960], N 6 Vorbemerkungen vor Art. 626 ZGB; **a.M.** BREITSCHMID [1997], a.a.O. [Fn. 220], S. 74 f., laut dem die testamentarische Einsetzung gesetzlicher Erben auf ihre Quoten (*«jeder meiner drei Söhne erhält einen Drittel meines Nachlasses»*) vermutungsweise als Ausgleichungsdispens zu interpretieren sein soll.

[232] Ging die Zuwendung an Nahestehende von gesetzlichen Miterben, z.B. an deren Kinder, so besteht hingegen keine Ausgleichungspflicht; vgl. JOST [1960], S. 130.

[233] Bei Nachkommen eines Erben besteht die Ausgleichungspflicht gemäss Abs. 2 unabhängig davon, ob die Zuwendung auf sie übergegangen ist. Gemäss der wohl h.L. spielt es auch für die Ausgleichungspflicht der übrigen Erbeserben keine Rolle, ob die Zuwendung auf sie übergegangen ist: vgl. BK-EITEL, Art. 627 N 7 f.; JOST [1960], S. 130, m.w.H.

[234] Ablehnend BGE 77 II 228, 234; vgl. BSK-FORNI/PIATTI [2003], Art. 626 N 6, m.w.H.; TUOR/SCHNYDER/SCHMID/RUMO-JUNGO [2002], S. 717 f. Vgl. bereits vorn Rz. 149.

Nicht passivlegitimiert sind eingesetzte nicht-gesetzliche Erben[235]. 155
Dies soll aber nur für den Fall gelten, dass der Erblasser keine Ausgleichungsanordnungen zu ihren Gunsten oder Lasten getroffen hat. Hat er solche Anordnungen getroffen, so kommt auch den eingesetzten nicht-gesetzlichen Erben die (Aktiv- und) Passivlegitimation zu. Umstritten ist die Form für solche Ausgleichungsanordnungen[236].

Befristung: Da die Ausgleichung zur Erbteilung i.w.S. gehört[237] und 156
ausgleichungsrechtliche Streitpunkte dem Erbteilungsrichter vorzulegen sind, ist die Ausgleichungsklage, wie die Teilungsklage, unverjährbar[238]. – In der Nichtgeltendmachung der Ausgleichung anlässlich der Teilung trotz Kenntnis des Ausgleichungsanspruchs ist ein (endgültiger) Verzicht des Berechtigten auf den Anspruch zu erblicken[239].

Streitwert: Bei der Feststellungsklage ist massgeblicher Streitwert 157
der potenzielle Prozessgewinn des Klägers bzw. der Kläger im Falle seines bzw. ihres Obsiegens, also der Wert der ausgleichungspflichtigen Zuwendung multipliziert mit der Erbquote der am Prozess beteiligten aktiv-legitimierten Erben[240]. Bei der Leistungsklage ist demgegenüber massgeblicher Streitwert der potenzielle Prozessverlust des Beklagten, also der Wert der auszugleichenden lebzeitigen Zuwendung.

---

[235] BGE 124 III 102, 106; BSK-FORNI/PIATTI [2003], Art. 626 N 7; JOST [1960], S. 131.
[236] Vgl. DRUEY [2002], § 7 Rz. 24 und 28; BSK-FORNI/PIATTI [2003], Art. 626 N 8.
[237] BGE 123 III 49, 50; vgl. BSK-FORNI/PIATTI [2003], Art. 626 N 20; SEEBERGER [1993], S. 243, m.w.H.
[238] ZK-ESCHER [1960], Vorbemerkungen zu 626 ff. N 21; BSK-FORNI/PIATTI [2003], Art. 626 N 20.
[239] BGE 45 II 4; vgl. TUOR/SCHNYDER/SCHMID/RUMO-JUNGO [2002], S. 720.
[240] Vgl. BK-EITEL [2004], Vorbemerkungen vor Art. 626 ff. N 35: «Der Streitwert bemisst sich nach der Auswirkung der ggf. erfolgenden Ausgleichung auf das Treffnis des Ansprechers.»

158 **Rechtsbegehren:**

Variantengruppe 1: blosse **Feststellungsklage** (wenn kein Gegenstand der Ausgleichung als spezifizierbare Sache vorhanden ist, sondern wenn *nur ein Wertausgleich in Geld möglich ist*, sofern dies durch eine blosse Anrechnung in der Erbteilung erzielt werden kann)[241]:

Variante 1-1: Einfacher Fall: Drei Geschwister A, B, C; heutiger Nachlasswert CHF 1 100 000.–; der verwitwete Vater schenkte vor 20 Jahren dem C zur Eröffnung seines Geschäftes als Startkapital den Geldbetrag von CHF 400 000.– (ob das Geschäft seither an Wert gewonnen oder ob es mit Verlust liquidiert werden musste, spielt für die Frage der Ausgleichung keine Rolle). Sämtliche Ausgleichungsgläubiger (A und B) klagen gegen den einzigen Ausgleichungsschuldner C.

Rechtsbegehren in diesem einfachsten Fall:

«Es sei festzustellen, dass die im Jahre 1975 erfolgte Schenkung von CHF 400 000.– durch den Erblasser an den Beklagten eine ausgleichungspflichtige Zuwendung darstellte, die der für die Erbteilung massgeblichen Berechnungsmasse hinzuzuzählen und an den Erbteil des Beklagten anzurechnen ist.»

Variante 1-2: Gleicher Fall, aber nur einer der beiden Ausgleichungsgläubiger (nur A) klagt, so dass das Urteil nur die Ansprüche des A und des C in der Erbteilung beschlägt und den Erbteil des B unberührt lässt:

«1. Es sei festzustellen, dass die im Jahre 1975 erfolgte Schenkung von CHF 400 000.– durch den Erblasser an den Beklagten eine ausgleichungspflichtige Zuwendung darstellte, die der für die Erbteilung zwischen den Parteien massgeblichen Berechnungsmasse hinzuzuzählen und an den Erbteil des Beklagten anzurechnen ist.

2. Es sei der Erbteil des Klägers aufgrund der gemäss Klagebegehren 1 vergrösserten Berechnungsmasse zu berechnen, und es sei festzustellen, dass der Kläger berechtigt ist, den dadurch

---

[241] BGE 123 III 49, 51; JOST [1960], S. 131.

in Erscheinung tretenden Mehrwert seines Erbteils in der Erbteilung zulasten des Erbteils des Beklagten zu beanspruchen.»

Variantengruppe 2: Leistungsklage (wenn eine Sache vorhanden ist, die nach Wahl des Beklagten [Art. 628 Abs. 1 ZGB] in natura eingeworfen [Realkollation] oder durch Geldersatz abgegolten werden kann [Idealkollation])[242];

159

Beispiel: Obiger Fall; der Vater hat dem C jedoch nicht Geld, sondern die von C benützte Geschäftsliegenschaft geschenkt, deren Wert am Todestag vermutlich ca. CHF 400 000.– betrug.

Variante 2-1 (sämtliche Ausgleichungsgläubiger klagen gemeinsam):

160

«*1. Der Beklagte sei zu verurteilen, die ihm vom Erblasser am 15. Juni 1975 geschenkte Liegenschaft Grundbuch ..., Parzelle ...,*

a.) entweder in die Erbmasse einzuwerfen;

b.) oder sie mit ihrem durch ein gerichtliches Bewertungsgutachten zu ermittelnden heutigen Wert der Erbschaft hinzuzählen und seinem eigenen Erbteil anrechnen zu lassen.

2. Dem Beklagten sei durch das Gericht eine angemessene Frist anzusetzen zur Ausübung der Wahl gemäss Klagebegehren 1a oder 1b, unter Androhung, dass bei unbenütztem Ablauf der Frist das Urteil aufgrund der Wertanrechnung gemäss Klagebegehren 1b ergeht.»

Variante 2-2 (nur der eine Ausgleichungsgläubiger [A] klagt). – In diesem Falle ist die Einwerfung in natura schwer denkbar, denn sie würde die Teilungsmasse zugunsten aller Miterben tatsächlich vergrössern, wäre also ein Vorgang, den der dem Prozess fernbleibende Ausgleichungsgläubiger gar nicht haben will und der vom Beklagten diesem gegenüber auch gar nicht geschuldet ist. Um sich kein Überklagen vorwerfen lassen zu müssen, wird der Kläger aber pro forma dennoch das Wahlrecht des Beklagten im Rechtsbegehren respektieren müssen:

161

---

[242] Vgl. BGE 84 II 685, 694 f. Vgl. ferner BK-EITEL [2004], Art. 626 N 5, 13 ff., 40 f. und 42 ff.

> «1. Der Beklagte sei zu verurteilen, die ihm vom Erblasser am 15. Juni 1975 geschenkte Liegenschaft Grundbuch ..., Parzelle ...,
>
> a.) entweder in die Erbmasse einzuwerfen;
>
> b.) oder sie mit ihrem durch ein gerichtliches Bewertungsgutachten zu ermittelnden heutigen Wert der zwischen den Parteien massgeblichen Berechnungsmasse hinzuzählen und seinem eigenen Erbteil anrechnen zu lassen.
>
> 2. Dem Beklagten sei durch das Gericht eine angemessene Frist anzusetzen zur Ausübung der Wahl gemäss Klagebegehren 1a oder 1b, unter Androhung, dass bei unbenütztem Ablauf der Frist das Urteil aufgrund der Wertanrechnung gemäss Klagebegehren 1b ergeht.
>
> 3. Es sei der Erbteil des Klägers aufgrund der gemäss Klagebegehren 1 vergrösserten Berechnungsmasse zu berechnen, und es sei festzustellen, dass der Kläger berechtigt ist, den dadurch in Erscheinung tretenden Mehrwert seines Erbteils in der Erbteilung zulasten des Erbteils des Beklagten zu beanspruchen.»

162 **Erläuterung:** Die Ausgleichung kann entweder Gegenstand eines eigenen Verfahrens sein oder ein eigenes Begehren im Erbteilungsprozess bilden[243].

163 Soweit die Ausgleichungsklage auf Feststellung gerichtet ist, versteht sich das Feststellungsinteresse von selber. Es braucht in der Klagebegründung nicht nachgewiesen zu werden[244]. Allerdings verlangt die bundesgerichtliche Rechtsprechung, das Feststellungsinteresse sei von Amtes wegen festzustellen; es könne unter Umständen gegeben sein, insbesondere wenn die Erbengemeinschaft fortgesetzt werden soll, oder wenn bereits ein Erbteilungsvertrag vorliegt, der unter Ergänzung der dem Gericht unterbreiteten und von ihm entschie-

---

[243] BSK-FORNI/PIATTI [2003], Art. 626 N 20. Ausführlich BK-EITEL [2004], Vorbemerkungen vor Art. 626 ff. N 30 ff.

[244] JOST [1960], S. 131, unter Verweis auf ZR 41 35.

denen ausgleichungsrechtlichen Fragen vollstreckt werden kann[245]. Weitergehend ist zu sagen, dass das Feststellungsinteresse immer offensichtlich ist, wenn – was ohne weiteres zulässig ist – nicht im gleichen Rechtsstreit auf Teilung geklagt wird. Es ist möglich, dass sich die Parteien über Zeitpunkt und Modalitäten der Teilung ausserprozessual einigen wollen und können, sobald die zwischen ihnen streitige Ausgleichungsfrage entschieden ist[246].

JOST[247] empfiehlt eine etwas umständlichere Formulierung für das in Rz. 160 genannte zweite Begehren, nämlich: 164

«*Der Beklagte habe die unter Ziff. 1a und 1b erwähnte Wahl innert der Frist von ... Tagen vorzunehmen, ansonst*

a.) der Richter die Wahl vornimmt oder

b.) das Wahlrecht auf die Kläger übergeht.»

Um Streit über die anzusetzende Frist zu vermeiden, verzichten jedoch die Kläger richtigerweise darauf, diesbezüglich einen Antrag zu stellen, und überlassen dies ganz dem gerichtlichen Ermessen. Die Annahme eines Wahlrechts, das auf das Gericht und anschliessend auf die Kläger übergeht, hat im Gesetz keine Stütze. Zweckmässiger ist es, dem Beklagten klar zu machen, dass sein Schweigen als (seine) Wahlerklärung im Sinne eines bestimmten klägerischen Antrags verstanden werden wird[248].

Ein nicht publizierter BGE vom 29. Oktober 1996[249] hält fest, dass der nach dem Todestag eintretende Kaufkraftschwund ausgleichungspflichtiger Geldschenkungen für die Ermittlung der Berech- 165

---

[245] BGE 5C.66/2003, 24.4.03; BGE 123 III 49, E. 1. Ausführlich zu diesem Urteil und seiner unterschiedlichen Würdigung in der Lehre BK-EITEL [2004], Vorbemerkungen vor Art. 626 ff. N 32; vgl. auch SPYCHER [2005], a.a.O. [Fn. 286], S. 45 ff.

[246] Vgl. bereits BGE 84 II 685, 692, wo das Bundesgericht ein Feststellungsinteresse der Klägerin freilich verneinte, weil die Klägerin im Rahmen der «längst fällige[n] Bereinigung der (...) Erbschaft» auf Leistung hätte klagen können». Vgl. ferner BK-EITEL [2004], Vorbemerkungen vor Art. 626 ff. N 33; BSK-FORNI/PIATTI [2003], Art. 626 N 20 f.

[247] JOST [1960], S. 133.

[248] Vgl. BK-EITEL [2004], Art. 628 N 14; SEEBERGER [1993], S. 293.

[249] BGE 5C.174/1995, 29.10.96, AJP 1997, 1551 ff. (mit Anmerkungen von BREITSCHMID).

nungsmasse und der Erbteile belanglos ist. Auch wenn das Urteil und sein Vollzug lange nachher erfolgen und das Geld mittlerweile entwertet ist, ist bezüglich der Ausgleichung zu Werten per Todestag zu rechnen[250].

166 Beweispflichtig für das Bestehen einer Ausgleichungspflicht ist – entsprechend der allgemeinen Beweislastregel von Art. 8 ZGB – auch im Prozess derjenige, der die Ausgleichung verlangt. Wer sich auf eine Befreiung von der Ausgleichungspflicht beruft, ist dafür beweispflichtig.

---

[250] Zum Todestagsprinzip vgl. vorn Rz. 61 und 64.

8. Erbteilungsklage

Vorbemerkung: Die Verfahrensvorschriften für die *nicht-streitige* Erbteilung finden sich in Art. 607 Abs. 2 ZGB – freie private Teilung nach Ermessen der Erben[251] – subsidiär in Art. 611 ZGB. Die praktisch zu beantwortende Frage lautet: «*Wer erhält was?*»

Für die Beantwortung dieser Frage sieht der Gesetzgeber mangels anderweitiger Einigung unter den Erben in Art. 611 ZGB ein umständliches *zweistufiges Verfahren* vor, nämlich (a) Losbildung, (b) Zuordnung der Lose. – Unter Losen werden «wertgleiche Häufchen» von Nachlass-Aktiven und -Passiven verstanden. Das für die Zuordnung der Lose im Dissensfall vorgesehene Zufallsprinzip (Losziehung) erheischt, dass bei ungleichen Erbquoten entsprechend viele kleine Lose gebildet werden, z.B. bei Quoten dreier Erben von 5%, 20% und 75% zwanzig Lose zu 5%[252] – eine völlig unpraktikable Regelung!

Die Idee des Gesetzgebers geht dahin, dass die Losbildung abstrakt erfolgt, unbeeinflusst von Wünschen der Erben auf einzelne Sachen. In diesem Schritt sollen sich die Erben lediglich über die Wertgleichheit und Zusammensetzung der Lose einigen, ohne daran zu denken, wer welches Los erhalten wird.

In der zweiten Runde sucht man die Einigung über die Zuordnung der Lose. Bleibt man uneinig, so entscheidet der Zufall (Losziehung).

Auch im *Streitfall* gilt dieses zweistufige Verfahren dem Grundsatze nach. Dabei können die Erben im Falle von Uneinigkeit für administrative und exekutive Belange sowie namentlich für die Bildung von Losen (Art. 611 Abs. 2 ZGB) oder die Anordnung der öffentlichen Versteigerung einer zu versilbernden Erbschaftssache (Art. 612 Abs. 3 ZGB) an die «zuständige Behörde» (bzw. ganz einfach «die Behörde»; vgl. Art. 609 Abs. 1 ZGB) gelangen, wobei das Verständ-

167

168

169

170

171

---

[251] Vgl. BSK-SCHAUFELBERGER [2003], Vorbemerkung zu Art. 607–619 N 4 ff. und Art. 607 N 5 ff.
[252] Vgl. in diesem Sinne DRUEY [2002], § 16 Rz. 84; BSK-SCHAUFELBERGER [2003], Art. 611 N 4.

nis für deren Aufgaben und Kompetenzen je nach Kanton sehr verschieden ist [253]. Klar ist jedoch, dass die Behörde – gleich wie der Willensvollstrecker [254] – *keine Zuteilungskompetenzen* hat; sofern die Erben ihrem Teilungsplan nicht zustimmen, fällt die Zuordnung der Lose in die ausschliessliche Kompetenz des Gerichts [255].

172 Klagt ein Miterbe auf Teilung, so muss das Gericht also zunächst einen Teilungsplan aufstellen, wobei sich dieser grundsätzlich im Rahmen der Rechtsbegehren der Parteien halten wird [256]; anschliessend entscheidet das Gericht über die Zuteilung der Lose [257]. Es kann aber, wenn sich kein einfacheres Prozedere aufdrängt, die Losbildung und Aufstellung eines Teilungsplans auch von der «zuständigen Behörde» vornehmen lassen, die es als Gehilfin beiziehen kann [258]. Gegen die diesbezüglichen Verrichtungen der Behörde gibt es keine Rechtsmittel, weil es sich um blosse Vorarbeiten zum berufungsfähigen Zivilurteil handelt [259]. Das Gericht wird diesfalls den von der «zuständigen Behörde» erarbeiteten Teilungsplan daraufhin bei den Erben in Vernehmlassung geben und ihn, nach Vornahme allfälliger Verbesserungen aufgrund der Stellungnahmen der Erben, zusammen mit dem Entscheid über die Zuordnung der Lose an die einzelnen Erben, zu seinem Teilungsurteil erheben und damit verbindlich werden lassen [260].

---

[253] Vgl. Art. 609 Abs. 2 ZGB; vgl. z.B. Kantonsgericht St. Gallen, 24.07.02, SGGVP 2002 Nr. 44; vgl. auch JOST [1960], S. 89, m.w.H.; SEEBERGER [1993], S. 35 ff., m.w.H.

[254] Vgl. dazu hinten Rz. 307.

[255] BGE 129 III 316 = ZBJV 2004, 274; BGE 114 II 420, E. 2.b; DRUEY [2002], § 16 Rz. 6, 44 und 79 f.; JOST [1960], S. 86 ff.; BSK-SCHAUFELBERGER [2003], Art. 634 N 15; SEEBERGER [1993], S. 30, 35 und 104 f.; MATTHIAS STEIN-WIGGER, Verbindlichkeit und Durchsetzbarkeit erblasserischer Teilungsvorschriften, AJP 2001, 1135, 1146, m.w.H.; TUOR/SCHNYDER/SCHMID/RUMO-JUNGO [2002], S. 675 ff.

[256] TUOR/SCHNYDER/SCHMID/RUMO-JUNGO [2002], S. 678; vgl. allerdings SEEBERGER [1993], S. 61 f., m.w.H.; ausführlich dazu hinten Rz. 201 ff.

[257] Vgl. BSK-SCHAUFELBERGER [2003], Art. 611 N 17.

[258] Vgl. SEEBERGER [1993], S. 41, m.w.H.

[259] JOST [1960], S. 104, spricht vom bloss präparatorischen Charakter der Losbildung, die keine Entscheidungskraft für das Teilungsgeschäft hat.

[260] Vgl. BSK-SCHAUFELBERGER [2003], Art. 611 N 17.

173 Wie weit die Kompetenzen des Gerichts gehen, wenn sich einzelne Erben unversöhnlich quer stellen, ist umstritten.

174 Einigkeit besteht darin, dass jede **Menge gleichartiger Sachen** – insbesondere Geld, Pakete bestimmter Wertpapiere, Goldmünzen einer gleichen Sorte – in natura proportional auf die einzelnen Lose aufzuteilen ist[261]. Jeder Erbe hat Anspruch auf die Naturalzuweisung seiner Quote an derartigen Sachmengen, und das Gericht ist gehalten, die Lose in diesem Sinne zu bilden oder bilden zu lassen und den Erben zuzuweisen, auch gegen deren Willen.

175 Auch **Mengen ähnlicher Sachen** – Bücher einer gemischten Bibliothek oder Baulandgrundstücke ähnlicher Grösse und Lage – können in dieser Weise gegen den Willen einzelner Erben auf die einzelnen Lose verteilt werden.

176 Bei **Einzelsachen**, die nicht in genügender Anzahl vorhanden sind, um jedes Los mit einer proportionalen Anzahl von Exemplaren zu bedienen, stellt sich folgende Alternative:

177 Entweder sind solche Sachen **ohne wesentlichen Wertverlust teilbar**. Dann sind sie in natura zu teilen und die Teile auf die Lose aufzuteilen; dies ergibt sich *e contrario* aus Art. 612 Abs. 1 ZGB[262]. – Es gibt allerdings nur wenige Sachen, die ohne wesentlichen Wertverlust teilbar sind.

178 Oder solche Sachen sind (was die Regel sein dürfte) **nicht ohne wesentlichen Wertverlust teilbar.** Dann gilt Art. 612 Abs. 1 als Soll-Vorschrift für den Fall gütlicher Einigung, Art. 612 Abs. 2 als Muss-Vorschrift für den Streitfall[263]. Das gleiche gilt für die überschiessenden Exemplare von Mengen gleichartiger und ähnlicher Sachen (z.B. für die fünfte von fünf Nestlé-Namenaktien, wenn vier Erben je einen Viertel der Erbschaft zugute haben und also jeder eine der ersten vier Nestlé-Aktien in sein Los zugeteilt erhält), und sie gilt wohl auch für zusammengehörende Sachgesamtheiten gemäss Art. 613 ZGB (wobei der Gesetzgeber in Abs. 1 mit der Soll-Vorschrift offen lässt,

---

[261] JOST [1960], S. 106.
[262] Ausführlich dazu SEEBERGER [1993], S. 175 ff.
[263] Vgl. TUOR/SCHNYDER/SCHMID/RUMO-JUNGO [2002], S. 680 f.; ausführlich dazu SEEBERGER [1993], S. 166 ff.

welche Rechtsansprüche bestehen, wenn der eine Erbe die Sachgesamtheit ungeteilt einem Los zugewiesen wissen möchte, der zweite deren ungeteilten Verkauf und der dritte die Aufteilung auf die Lose verlangt).

179 Das Gericht wird geneigt sein, immer dann nach Art. 612 Abs. 2 vorzugehen und Einzelsachen zu versilbern, wenn sich bezüglich einer solchen Sache kein Konsens aller Erben über die Zuweisung zu einem einzelnen Los zu einem bestimmten Wert erzielen lässt. Immerhin mag ihm die neue Lehre, die eine freie und umfassende richterliche Zuteilungskompetenz befürwortet[264], den Rücken stärken, um aus eigener Kompetenz die Zuweisung der Lose mitsamt den darin enthaltenen, umstrittenen Einzelsachen an einzelne Erben zuzuweisen, und zwar nicht nach einem Zufallsprinzip, sondern aufgrund sachlicher Kriterien wie Eignung und Neigung der einzelnen Erben für das eine oder andere Los.

180 Trotz der hier aufgeführten Regeln und des Grundsatzes der Gleichbehandlung der Erben wird es in der Zusammensetzung der Lose qualitative Unterschiede geben, nämlich aufgrund gesetzlicher Übernahmerechte einzelner Erben in Bezug auf bestimmte Sachen[265], ferner gegebenenfalls aufgrund der letztwillig verfügten Übernahmerechte und Teilungsvorschriften (Art. 608 ZGB)[266].

181 Das Verfahren der Losbildung und Loszuordnung, dem die Versteigerung aller Einzelstücke vorangeht, für deren Zuweisung an ein Los kein Erbenkonsens erreicht wird, erbringt eine relativ *geringe Teilungs-Wertschöpfung*. Dieser Begriff kann als das Mass verstanden werden, in dem die einzelnen Erben genau jene Erbschafts-

---

[264] Vgl. DRUEY [2002], § 17 Rz. 88 ff.; BSK-SCHAUFELBERGER [2003], Art. 604 N 7; SEEBERGER [1993] 65 ff., m.w.H.
[265] Anspruch des Ehegatten auf die Wohnung und den Hausrat gemäss Art. 612a ZGB; Anspruch eines Erben auf ein landwirtschaftliches Gewerbe gemäss Art. 11 ff. BGBB.
[266] Ausführlich dazu SEEBERGER [1993], S. 131 ff.; MATTHIAS STEIN-WIGGER, Verbindlichkeit und Durchsetzbarkeit erblasserischer Teilungsvorschriften, AJP 2001, 1135 ff. Zum Vorrang der erblasserischen Teilungsvorschriften über die Zustimmung des Erblassers zu einem – Absprachen über die Zuteilung einzelner Gegenstände oder Rechte beinhaltenden – Vertrag zwischen den Erben über einen noch nicht angefallenen Erbteil i.S.v. Art. 636 ZGB vgl. BGE 128 III 163.

sachen erhalten, die sie am liebsten haben möchten. Die Erkenntnis, dass das vom Gesetzgeber vorgesehene Teilungsverfahren und seine Durchführung im Streitfall nur eine geringe Wertschöpfung erbringt, führt auch verfeindete Erben in den meisten Fällen zur Einsicht, dass sie mit einer aussergerichtlichen Erbteilung besser fahren. Es ist wohl kein Zufall, dass das letzte publizierte bundesgerichtliche Präjudiz, das die Kompetenz des Gerichts zur Zuweisung von Sachen gegen den Willen der Erben am Rande erwähnt hat, über 50 Jahre zurückliegt[267], und dass auch in der kantonalen Rechtsprechung soweit ersichtlich kein neueres Präjudiz zu diesem Thema zu finden ist. Auch wenn dann und wann eine Erbteilungsklage eingereicht wird, einigen sich die Erben in aller Regel, bevor es zum Urteil kommt. Die Klage ist deswegen nicht überflüssig: Sie gibt den renitenten Erben das Signal, dass es nun ernst gilt und dass es in deren eigenem Interesse liegt, zu einer vernünftigen Teilung endlich Hand zu bieten.

182 Wird gerichtlich geteilt, so erwächst die im ersten Schritt zu vollziehende Losbildung als solche nicht in Rechtskraft. Ist sie mit oder ohne amtliche Mitwirkung erfolgt und gibt es in der anschliessenden Zuordnungsfrage Streit, so steht auch die Bildung der Lose nochmals zur Diskussion. Das angerufene Gericht entscheidet über alles. Sein Urteil regelt mit allseitiger Wirkung der Frage *«wer erhält was?»*. Für die gerichtliche Urteilsfindung dürfte aber eine in der ersten Runde unbestritten gebliebene Losbildung eine starke präjudizielle Wirkung haben: Das Gericht wird von dieser Losbildung nur aus wichtigen Gründen abweichen.

183 Eine selbständige Klage, die nur auf die Bildung von Losen gerichtet ist, ist nicht möglich, da sie die Parteien der Entscheidung *«wer erhält was?»* nicht näher bringt.

184 Die vom Gesetzgeber vorgesehene Zweistufigkeit kann zweckmässig sein bei grossen Nachlässen mit vielen gleichartigen Aktiven und verhältnismässig geringen Passiven. Bei kleineren Verhältnissen, die den Normalfall darstellen, präsentiert sich die Ausgangslage meist so, dass das geschilderte zweistufige Verfahren als eher unzweckmässig erscheint. Im Normalfall gibt es wenige Erben und zuweilen ein

---

[267] BGE 78 II 409.

einziges grosses Aktivum, z.B. eine Liegenschaft, die den Erbteil jedes einzelnen Erben übersteigt, ferner einige wenige Stücke, deren Zuteilung umstritten ist.

185 Dabei gilt, dass Erbschaftssachen, deren Wert in keinem Los «Platz hat», mangels einer gütlichen Einigung unter den Erben keinem Los grundsätzlich zugewiesen werden können, sondern versteigert werden müssen. Allerdings kann ein Erbe nach Rechtsprechung und herrschender Lehre in Analogie zur sachenrechtlichen Regelung gemäss Art. 651 ZGB im Streitfall zu Ausgleichszahlungen aus seinem Privatvermögen an Miterben verpflichtet werden, wenn ihm Erbschaftssachen zugewiesen werden, die sein Los übersteigen. Solche Ausgleichszahlungen («soultes», «Herausschulden»), die gemäss bundesgerichtlicher Diktion «einem praktischen Bedürfnis» entsprechen, sind jedoch nur in «relativ geringem Ausmass» bzw. «in einem vernünftigen Verhältnis zum Erbteil des zahlungspflichtigen Erben» (gegebenenfalls reduziert durch vorangegangene partielle Erbteilungen) zulässig; in der Literatur wird ein Wert von 10% des (noch nicht geteilten) Erbteils genannt. Der Entscheid über Höhe und Zulässigkeit der – von den finanziellen Möglichkeiten der Erben unabhängigen – Ausgleichungszahlung beruht auf gerichtlichem Ermessen[268]. – Hingegen hat grundsätzlich kein Erbe *Anspruch* auf eine solche Zuweisung von los-übersteigenden Sachen[269]. Ob ein Erbe Anspruch auf die Zuweisung los-übersteigender Sachen hat, wenn er die Bezahlung eines Geldausgleichs *freiwillig anbietet*, ist umstritten, dürfte jedoch zu bejahen sein[270].

---

[268] BGE 5C.214/2003, 8.12.2003, Pra 2004 Nr. 99, E. 4.1; Kantonsgericht Wallis, 4.11.2004, RVJ 2005, 146; BGE 5C.155/1991, 14.5.1992; Druey [2002], § 16 Rz. 53; Seeberger [1993], S. 114 ff., m.w.H.; Spycher [2005], a.a.O. [Fn. 286], S. 47 ff.; Stein-Wigger [2001], a.a.O. [Fn. 266], 1140 f., m.w.H.; vgl. auch Art. 608 Abs. 2 ZGB für den Fall des Bestehens erblasserischer Teilungsvorschriften.

[269] ZK-Escher [1960], Art. 611 N 5; BK-Tuor/Picenoni [1959/1964], Art. 611 N 11; Piotet, SPR IV/2 [1981], S. 883.

[270] Zurückhaltend bejahend BGE 100 II 187, 193; Jean Nicolas Druey, Die erbrechtliche Teilung, in: Praktische Probleme der Erbteilung, Bern 1997, S. 44 ff.; ZK-Escher [1960], Art. 611 N 5; Piotet, SPR IV/2 [1981], S. 883; BK-Tuor/Picenoni [1959/1964], Art. 611 N 11; Christoph Wildisen, Das Erbrecht des überlebenden Ehegatten, Freiburg 1997, S. 382; widersprüchlich Jost [1960], S. 26 bzw. 107.

Beim überlebenden Ehegatten dürfen für die Frage, welche Sachen in seinem Anteil «Platz haben», die güterrechtliche und die erbrechtliche Beteiligung jedenfalls dann zusammengezählt werden, wenn der Ehegatte diesem Vorgehen zustimmt. Hat er also aufgrund einer Gütergemeinschaft die Hälfte des ehelichen Vermögens und von Erbrechts wegen einen weiteren Viertel zugute, so kann ihm eine Liegenschaft im Werte von 75% des ehelichen Vermögens auf Anrechnung zugewiesen werden, und zwar auch gegen den Widerstand der Nachkommen.

186

Ist die Zuteilung zahlreicher kleinerer Erbschaftssachen wie Schmuckstücke, Kunstgegenstände, wertvolle Möbel etc. umstritten, so bringt eine einzelstückweise Versteigerung unter den Miterben die grössere Teilungs-Wertschöpfung[271] als eine abstrakte Losbildung und Zuweisung nach dem Zufallsprinzip. Am zweckmässigsten verfährt man in einem solchen Falle, indem man sämtliche zu versteigernden Objekte mit einem provisorischen Schätzwert versieht und die Summe dieser Schätzwerte als den provisorischen Gesamtwert der Steigerungsmasse bekannt gibt. Die Erben sind an einem Ort zur Versteigerung zu versammeln. Jedem Erben wird provisorisch ein kalkulatorisches Geldguthaben in der Höhe seines Anteils am provisorischen Gesamtwert der Teilungsmasse gutgeschrieben. Zulasten dieses kalkulatorischen Guthabens kann jeder Erbe nun bei der Versteigerung mitbieten, bis sein Guthaben aufgebraucht ist. Wird ein Objekt über seinem provisorischen Schätzwert zugeschlagen, so erhöht sich der Gesamtwert der Steigerungsmasse um die Differenz. Diese Differenz ist unverzüglich den kalkulatorischen Guthaben der Erben hinzuzuzählen. Wird ein Objekt unter seinem provisorischen Schätzwert zugeschlagen, so sind die kalkulatorischen Guthaben der Erben entsprechend zu reduzieren. – Am Schluss hat jeder Erbe genau jene Sachen, die er am liebsten erhalten wollte bzw. er hat es selber zu vertreten, wenn er einzelne begehrte Objekte nicht ersteigern konnte, weil er sein kalkulatorisches Guthaben für den Erwerb anderer Sachen aufgebraucht hat.

187

---

[271] Vgl. zu diesem Begriff vorn Rz. 181.

8.1 Vorausklage: Klage auf Tilgung der Nachlassschulden (Art. 610 Abs. 3 ZGB)

188 **Vorbemerkung:** Art. 610 Abs. 3 ZGB gibt jedem Erben einen Anspruch auf Tilgung oder Sicherstellung der Nachlassschulden vor der effektiven Teilung; diese darf zwar durch das Teilungsgericht angeordnet, aber vor der Schuldentilgung nicht tatsächlich durchgeführt werden, selbst wenn die kantonalen Prozessordnungen Gegenteiliges anordnen sollten oder der Erblasser gegenteilig verfügt haben sollte[272]. Nachstehend wird nur der Tilgungsanspruch behandelt. Er kann sowohl vom Teilungskläger als auch einredeweise von den Teilungsbeklagten geltendgemacht werden[273].

189 **Gerichtsstand:** Am letzten Wohnsitz des Erblassers (Art. 18 Abs. 1 GestG)[274].

190 **Aktivlegitimation:** Jeder Erbe einzeln[275].

191 **Passivlegitimation:** Alle übrigen Erben gesamthaft (notwendige Streitgenossenschaft).

192 **Befristung:** Der Tilgungsanspruch kann bis zum Abschluss der Teilung geltendgemacht werden[276].

193 **Rechtsbegehren:**

Variante 1-1: *(wenn genügend Bargeld oder Guthaben auf Nachlasskonten bei Finanzinstituten vorhanden sind, um sämtliche Nachlassschulden zu tilgen):*

a) (Zusammenzug der liquiden Mittel auf dem Nachlass-Hauptkonto)

---

[272] BGE 109 II 408, 410 f.; vgl. BSK-SCHAUFELBERGER [2003], Art. 604 N 14 und Art. 610 Abs. 3 N 21 f.; WEIBEL [2005], a.a.O. [Fn. 99], S. 82.
[273] ZK-ESCHER [1960], Art. 610 N 5; JOST [1960], S. 79 und 83 mit Verweis auf BK-TUOR [1952], Art. 610 N 12.
[274] Vgl. ZK-GRÜNINGER [2001], Art. 18 GestG N 21.
[275] BSK-SCHAUFELBERGER [2003], Art. 610 N 21.
[276] BK-TUOR/PICENONI [1959/1964], Art. 610 N 8.

«1. Es sei der Miterbe M anzuweisen, das in seinem Besitz befindliche, zum Nachlass gehörende Bargeld im Betrage von CHF ... auf das Konto Nr. 123.456 bei der Bank ... in ... einzubezahlen;

2. es seien die Banken A, B, C sowie die Postfinance anzuweisen, die bei ihnen bestehenden, auf den Namen des Erblassers lautenden Konten zu saldieren und den Saldo zu überweisen auf das Konto Nr. 123.456 bei der Bank ... in ...;»

b) (Schuldentilgung aus dem Nachlass-Hauptkonto):

«3. Es sei die Bank ... in ... anzuweisen, zulasten des Kontos Nr. 123.456 die folgenden Nachlassschulden zu bezahlen: (Liste)»

Variante 1-2: (wenn nicht genügend Bargeld vorhanden ist und demgemäss Erbschaftssachen versilbert werden müssen): 194

Variante 1-2-1: (wenn die zu versilbernde Sache ein Grundstück ist): *«Es sei für die Liegenschaft Grundbuch ..., Sektion ..., Parzelle ..., [Adresse], die Versteigerung unter den Parteien, **eventualiter** die öffentliche Versteigerung anzuordnen, und es sei die Gantverwaltung anzuweisen, aus dem Steigerungserlös, nach Tilgung der Steigerungsgebühren und der durch die Versteigerung fällig gewordenen Steuern, die folgenden Beträge an folgende Nachlassgläubiger zu bezahlen: (Liste der Beträge und der Gläubiger); die Gantverwaltung sei ferner anzuweisen, einen allfälligen Überschuss auf das Nachlass-Hauptkonto Nr. 123.456 bei der Bank ... in ... zu überweisen.»* 195

Variante 1-2-2: (wenn die zu versilbernde Sachen börsengängige Wertpapiere im Gewahrsam Dritter, insbesondere in demjenigen ortsansässiger Banken sind): *«Es sei die A-Bank anzuweisen, die im Wertschriftendepot Nr. 999.999 auf den Namen des Erblassers verwahrten Wertschriften zum Tageskurs zu veräussern und aus dem Erlös, nach Abzug der entsprechenden Bankgebühren, die folgenden Beträge an folgende Nachlassgläubiger zu bezahlen: (Liste der Beträge und der Gläubiger).»* 196

Variante 1-2-3: (wenn die zu versilbernde Sache im Besitz eines Miterben ist, der sie nicht herausgibt): *«Es sei der Beklagte X (=* 197 *der betreffende Miterbe und Besitzer) unter Androhung der Bestrafung gemäss Art. 292 StGB mit Haft oder Busse im Widerhandlungsfall zu verurteilen, die Sache S binnen 30 Tagen seit Rechtskraft des Urteils an die Gantverwaltung in ... auszuliefern, und es sei die Gantverwaltung anzuweisen, aus dem Steigerungserlös, nach Tilgung der Steigerungsgebühren und der durch die Versteigerung fällig gewordenen Steuern, die folgenden Beträge an folgende Nachlassgläubiger zu bezahlen: (Liste der Beträge und der Gläubiger); die Gantverwaltung sei ferner anzuweisen, einen allfälligen Überschuss auf das Nachlass-Hauptkonto Nr. 123.456 bei der Bank ... in ... zu überweisen.»*

198 **Erläuterung:** Die Praxis geht dahin, eine öffentliche Versteigerung anzuordnen, wenn nicht jeder Erbe in der Lage wäre, bei einer internen Versteigerung mitzuwirken, sowie dann, wenn Erben bevormundet sind[277]. Die Versteigerung zwischen den Miterben sollte demgemäss nur dann angeordnet werden, wenn eine echte Konkurrenzsituation besteht, die die mehreren Interessenten zwingt, realistische Angebote zu machen.

199 **Anhang: Umgang mit grossen Eventualverpflichtungen** – Im Zeitalter der explosionsartig ansteigenden Haftpflichtansprüche in Millionen- und Milliardenhöhe aus angeblich fehlerhafter Berufs- oder Organtätigkeit oder aus Unfällen aller Art sehen sich manche Erblasser und später ihre Erben mit der Frage konfrontiert, wie sie mit den latenten Risiken aus solchen Situationen umgehen sollen. Nur ein einvernehmliches Vorgehen aller Erben kann hier konstruktive Lösungen bringen. Insofern gehört diese Thematik nicht in die vorliegende Arbeit. Trotzdem seien an dieser Stelle folgende Hinweise gegeben: Ist eine den Nachlasswert übersteigende Zahlungspflicht konkret und nahe vorauszusehen, so empfiehlt sich die Ausschlagung der Erbschaft. Um die Ausschlagungsbefugnis intakt zu erhalten, müssen die Erben aber strikte auf jede Involvierung in die Nachlasssachen verzichten[278]. Ist die Risikoexposition nicht nahe

---

[277] BK-TUOR/PICENONI [1959/1964], Art. 612 N 24 f.; vgl. auch PIOTET, SPR IV/2 [1981], S. 887.
[278] WEIBEL [2005], a.a.O. [Fn. 99], S. 58 f.

und konkret, dann mag sich eine Erbteilung empfehlen, bei der ein einzelner Miterbe in die Rolle des «Winkelrieds» tritt und das betreffende Eventualpassivum ausdrücklich zu Alleinschuld übernimmt, unter Schuldbefreiung der Miterben. In diesem Falle besteht die Hoffnung, dass die Miterben binnen fünf Jahren nach erfolgter Erbteilung aus der Solidarhaftung gemäss Art. 603 und 639 ZGB entlassen sein werden[279]. Die Annahme des Nachlasses unter öffentlichem Inventar ist nur dann ein gangbarer Weg, wenn der Eventualgläubiger sich so weit entfernt befindet, dass ihm die öffentliche Inventur voraussichtlich entgeht und er also versäumt, seine Rechte in diesem Verfahren zu wahren. Konkursverwaltungen in der Schweiz dürften diesbezüglich in der Regel ihre Rechtswahrung nicht versäumen, sondern vielmehr die Eventualforderung in astronomischer Höhe ins öffentliche Inventar eingeben. Die Nachlassabwicklung ist dann auf unbestimmte Zeit blockiert. Diese Eventualität sollte vermieden werden.

8.2 Teilungsklage

Vorbemerkung: Das Urteil ist ein Gestaltungsurteil und ersetzt den Teilungsvertrag, ist dessen Korrelat. Es schafft eine neue Rechtslage und begründet direkt den dinglichen Titel. Es wirkt, über die Wirkung des Teilungsvertrags sowie über Feststellungs- und Leistungsurteile hinausgehend, konstitutiv, d.h. mit dem Teilungsurteil ist die Teilung, soweit dies durch das Urteil möglich ist, vollzogen[280]. 200

Der Kläger konkretisiert seine Vorstellungen von der Teilung im Klagebegehren so weitgehend als möglich. Das kantonale Prozessrecht darf aber vom Kläger nicht die Aufstellung eines genauen Teilungsplanes verlangen, weil dadurch der bundesrechtlich gewährleistete Teilungsanspruch vereitelt werden könnte[281]. Die Beklagten stellen gemäss ihren Vorstellungen (Gegen-)Anträge. Soweit die An- 201

---

[279] Vgl. dazu WEIBEL [2002], a.a.O. [Fn. 74].
[280] Obergericht Zürich, 25.3.2003, ZR 103 [2004] Nr. 34, E. IV.2; JOST [1960], S. 38 ff.; BSK-SCHAUFELBERGER [2003], Art. 604 N 7 und 27; SEEBERGER [1993], S. 18 und 82 ff., 92 und 99, m.w.H.; SPYCHER [2005], a.a.O. [Fn. 286], S. 38 f.
[281] BGE 101 II 41, 45 f.; BGE 108 II 337, 341 f.; BSK-SCHAUFELBERGER [2003], Art. 604 N 15, m.w.H.; SEEBERGER, S. 87 ff.

träge der Beteiligten übereinstimmen, ist das Gericht daran gebunden, im Übrigen urteilt es nach seinem pflichtgemässen Ermessen, wobei es auch zu einer Lösung gelangen kann, die von keiner der Parteien beantragt worden ist; die Dispositionsmaxime gilt diesbezüglich also lediglich mit Einschränkungen[282].

202 Das Rechtsbegehren auf Zuweisung bestimmter Sachen an den Kläger entspringt keinem Rechtsanspruch. Kein Erbe hat a priori ein besseres Recht auf eine Nachlasssache als ein anderer Erbe (soweit nicht das bäuerliche Erbrecht für Landwirte und Art. 612a ZGB für den überlebenden Ehegatten solche Ansprüche begründen). Vielmehr helfen die Zuweisungsbegehren dem Gericht, nach seinem pflichtgemässen Ermessen einen vernünftigen Teilungsmodus zu finden. Dringt ein Kläger mit seinem Zuweisungsbegehren nicht durch, so ist er prozessual nicht unterlegen. Dringt er durch, so hat er nicht obsiegt[283].

203 Aus dem gleichen Grund sollten die von der Klage abweichenden Anträge der Beklagten nicht als *Widerklagen* tituliert werden. Im Erbteilungsprozess verfolgen die verschiedenen Antragsteller meist nicht konträre Ziele, sondern sie unterbreiten dem Gericht in ihren Zuweisungsbegehren verschiedene Varianten, gemäss denen das gemeinsam angestrebte Ziel, die Teilung, konkretisiert werden kann. Jede Partei ist bei dieser so genannten *actio duplex* sowohl Kläger als auch Beklagter[284]. Verlierer mit Kostenfolgen ist dagegen, wer sich der Teilung grundsätzlich widersetzt[285].

8.2.1 Gesamtklage (allgemeine Erbteilungsklage)

204 **Gerichtsstand:** Am letzten Wohnsitz des Erblassers (Art. 18 Abs. 1 GestG)[286].

---

[282] JOST [1960], S. 39 ff.; SEEBERGER [1993], S. 62.
[283] Vgl. Kantonsgericht Wallis, 4.11.04, RVJ 2005, 146.
[284] JOST [1960], S. 39, 84 und 109 ff.; SEEBERGER [1993], S. 91 ff. Vgl. SPYCHER [2005], a.a.O. [Fn. 286], S. 39 f.
[285] Vgl. Kantonsgericht Wallis, 4.11.04, RVJ 2005, 146.
[286] Vgl. ZK-GRÜNINGER [2001], Art. 18 GestG N 21 ff.; SEEBERGER [1993], S. 49; BSK-SPÜHLER [2001], Art. 18 GestG N 4; ANNETTE SPYCHER, Prozessuales zur Erbtei-

Aktivlegitimation: Jeder (gesetzliche oder eingesetzte) Erbe ein- 205
zeln. Hebt ein Erbe während der Ausschlagungsfrist gemäss Art. 567
ZGB eine Erbteilungsklage an, so verwirkt er dadurch gemäss Art.
571 Abs. 2 ZGB seine Ausschlagungsbefugnis[287].

«Virtuelle Erben», d.h. pflichtteilsgeschützte Erben, die durch Verfü- 206
gung von Todes wegen vom Nachlass ausgeschlossen sind, sind erst
aktivlegitimiert, nachdem sie ihrer Beteiligung am Nachlass mittels
Ungültigkeits- oder Herabsetzungsklage in einem Gestaltungsurteil
Anerkennung verschafft haben. Zuvor haften sie nicht für die Erbschaftsschulden und können auch nicht an der Verwaltung der Erbschaftsgüter teilnehmen[288]. Mangels eines gegen sie angehobenen
erbrechtlichen Klageverfahrens können sie ihren Herabsetzungsanspruch auch nicht einredeweise geltendmachen[289]. Ebenso können
suspensiv bedingte Erben (z.B. Nacherben) die Erbteilungsklage
erst nach Eintritt der Bedingung anheben[290].

Aktivlegitimiert ist auch die Behörde gemäss Art. 609 Abs. 1, wenn 207
sie keine einvernehmliche Teilung erwirken kann, jedenfalls aber
dann, wenn der Erbanteil gepfändet wurde, denn sie tritt hinsichtlich
ihrer Kompetenzen vollständig an die Stelle des auf Antrag des Gläubigers hin von der Mitwirkung ausgeschlossenen Erben[291].

---

lung und zur Erbteilungsklage, in: STEPHAN WOLF (Hrsg.), Ausgewählte Aspekte der Erbteilung, Bern 2005, 27 ff., 33.

[287] JOST [1960], S. 42 f. und 55 f.
[288] BGE 5C.81/2003, 21.1.04, E. 5.2; Obergericht Zürich, Urteil vom 8.7.1988, ZR 95 [1996] Nr. 34; noch offen gelassen in BGE 125 III 35, E. 3.b/bb; BGE 104 II 75, E. 3.b/bb; vgl. auch BGE 115 II 211, 212; vgl. ferner BSK-STAEHELIN [2003], Art. 470 N 4 m.w.H.; BSK-FORNI/PIATTI [2003], Vorbemerkungen zu 522–533 N 2; BSK-SCHAUFELBERGER [2003], Art. 602 N 5 und Art. 604 N 20; REGINA ELISABETH AEBI-MÜLLER [2000], a.a.O. [Fn. 217], S. 75; DRUEY [2002], § 6 Rz. 12 und § 6 Rz. 39 f.; PIOTET, SPR IV/1 [1978], S. 379 f. und SPR IV/2 [1981], S. 728 f.; SPYCHER [2005], a.a.O. [Fn. 286], S. 36 f.; anders noch BGE 56 II 17, 20; BGE 70 II 142, 147; BK-TUOR [1952], Art. 522 N 9 f. und N 19; ZK-ESCHER [1959], Art. 522 N 3 und N 5 f. und ZK-ESCHER [1960], Art. 604 N 3; FLÜCKIGER [2004], a.a.O. [Fn. 29], S. 84 ff. und 89 ff.
[289] Obergericht Zürich, Urteil vom 8.7.1988, ZR 95 [1996] Nr. 34; nur scheinbar im Widerspruch dazu BGE 116 II 243; BGE 120 II 417.
[290] JOST [1960], S. 42.
[291] BGE 129 III 316 = ZBGR 85 [2004] 346; JOST [1960], S. 58; BSK-SCHAUFELBERGER [2003], Art. 604 N 16 und Art. 609 N 12 und 14; SEEBERGER [1993], S. 32 und

208 Nicht aktivlegitimiert ist der Willensvollstrecker[292], der Erbschaftsverwalter gemäss Art. 554 ZGB und der Erbenvertreter gemäss Art. 602 Abs. 3 ZGB[293]. Auch Vermächtnisnehmer sind nicht aktivlegitimiert, sondern müssen ihre Ansprüche erforderlichenfalls mit der Vermächtnisklage[294] geltendmachen[295].

209 **Passivlegitimation:** Alle nicht auf der Klägerseite mitwirkenden Erben als *notwendige Streitgenossenschaft*, nicht hingegen die Erbengemeinschaft, die weder aktiv noch passiv prozessfähig ist. Die Notwendigkeit, sämtliche Erben in den Erbteilungsprozess mit einzubeziehen, gilt auch im Rechtsmittelverfahren[296]. – Erklären allerdings einzelne Erben gegenüber dem Gericht von vornherein, sie würden das Urteil – wie auch immer es ausfalle – anerkennen, oder sie seien mit den klägerischen Begehren einverstanden, so genügt es gemäss der bundesgerichtlichen Rechtsprechung, die übrigen Miterben zu belangen[297].

210 Derjenige Erbe, der ohne rechtsgültige Ausschlagung oder dinglich wirkende Erbteilsabtretung i.S.v. Art. 635 Abs. 1 ZGB auf seine Erbansprüche verzichtet, bleibt formell Erbe und ist folglich in den Erbteilungsprozess mit einzubeziehen[298].

50; SPYCHER [2005], a.a.O. [Fn. 286], S. 37 f.; BK-TUOR/PICENONI [1959/1964], Art. 609 N 13; teilweise **a.M.** ZK-ESCHER [1960], Art. 609 N 14; vgl. auch ZR 1992/93 Nr. 31, S. 116; vgl. auch Kantonsgericht Graubünden, 11.4.2003, PKG 2003 Nr. 37.

[292] Vgl. hinten Rz. 307.
[293] JOST [1960], S. 62; BSK-SCHAUFELBERGER [2003], Art. 604 N 20.
[294] Vgl. hinten Rz. 252.
[295] Art. 484, 562 und 601 ZGB, vgl. WEIBEL [2005], a.a.O. [Fn. 99], S. 68.
[296] BGE 130 III 550. Vgl. EITEL [2005], a.a.O. [Fn. 33], S. 131 f.; SPYCHER [2005], a.a.O. [Fn. 286], S. 35.
[297] BGE 74 II 217 und 220; BGE 86 II 451, 455; BGE 93 II 15; BGE 100 II 440, 441 f.; Kantonsgericht Wallis, 4.11.04, RVJ 2005, 146; vgl. auch BGE 109 II 400, 403; Obergericht Zürich, 15.4.2003, ZR 103 [2004] Nr. 4 i.f.; JOST [1960], S. 65; BSK-SCHAUFELBERGER [2003], Art. 604 N 17; SPYCHER [2005], a.a.O. [Fn. 286], S. 34 f.; zu Recht kritisch SEEBERGER [1993], S. 50 f.
[298] Obergericht Zürich, 15.4.2003, ZR 103 [2004] Nr. 4.

Befristung: Teilungsanspruch und Teilungsklage sind unverjährbar und können auch nicht verwirkt werden[299]. Von der Eröffnung des Erbgangs an kann jeder Erbe jederzeit die Teilung der Erbschaft bzw. des ungeteilten Rests der Erbschaft verlangen[300], selbst wenn die Erben die Erbengemeinschaft über Jahre oder gar Jahrzehnte fortgesetzt haben[301]. 211

Streitwert: Streitwert ist grundsätzlich der Wert des eingeklagten Erbteils. Ist allerdings der Teilungsanspruch als solcher streitig, so ist Streitwert der gesamte Wert des zu teilenden Vermögens[302]. 212

Rechtsbegehren: 213

Variante 1 (abstraktes Begehren):

«*Es sei der Nachlass des am ... verstorbenen X. festzustellen und zu teilen.*»

Variante 2 (konkretes Begehren):

1. *Es sei der Nachlass des am ... verstorbenen X.* ***festzustellen****, d.h. es sei festzustellen, dass der Nachlass die in der Klagebeilage 1 (Inventar vom ...) aufgeführten Aktiven und Passiven [mit folgenden Abweichungen ...] umfasst;*

2. *es sei **festzustellen**, dass der Kläger an diesem Nachlass zu einem Viertel berechtigt ist;*

3. **Gestaltungsbegehren**

   Variante 1: *dem Kläger seien folgende zum Nachlass gehörenden Aktiven und Passiven in Abgeltung seines Erbteils zuzuweisen: (Liste)*

---

[299] BGE 75 II 292; BGE 69 II 366; BGE 45 II 525; SEEBERGER [1993], S. 49.
[300] Obergericht Zürich, 25.3.2003, ZR 103 [2004] Nr. 34, E. III.
[301] BGE 116 II 267, 275; BSK-SCHAUFELBERGER [2003], Art. 604 N 2; BK-TUOR/PICENONI [1959/1964], Art. 604 N 1a und 1e.
[302] BGE 127 III 396, 398; BGE 86 II 451, 454 f.; Kantonsgericht Wallis, 4.11.04, RVJ 2005, 146. Vgl. SPYCHER [2005], a.a.O. [Fn. 286], S. 44 f.

Variante 2:

a.) es seien vier gleichwertige Lose zu bilden, wobei das Gericht den einzelnen Losen folgende Aktiven und Passiven zuzuweisen habe: (Liste der vier Lose, je mit Aktiven und Passiven nach den Vorstellungen des Klägers);

b.) dem Kläger sei das erste der vier vorerwähnten Lose zuzuweisen;

*Variante 3 (wenn einzelne Erbschaftsgegenstände die Grösse der Lose übersteigen und nicht ohne Wertverlust geteilt werden können): für die folgenden, den Wert eines Loses übersteigenden Erbschaftssachen sei die Versteigerung unter den Parteien, **eventualiter** die öffentliche Versteigerung anzuordnen, und es sei der Steigerungserlös zu gleichen Teilen den vier Losen zuzuweisen;*

4. *Variante 1: es sei der Kläger von allen Erbschaftspassiven zu entlasten, die nicht gemäss Klagebegehren 3 [Variante 2 b] seinem Los zugewiesen werden;*

*Variante 2: **eventualiter** seien die Beklagten zur Bezahlung von CHF ... an den Kläger als Ersatzleistung für die von diesem getilgten Nachlasspassiven zu verurteilen.»*

214 **Erläuterung:** Das abstrakte Begehren *«Es sei der Nachlass des am ... verstorbenen X. festzustellen und zu teilen»* ist dann am Platze, wenn der Kläger aus zureichenden Gründen keine konkreteren Anträge stellen kann. Andernfalls soll der Kläger im Rechtsbegehren konkretisieren, was umstritten ist und was er selber bezüglich der umstrittenen Punkte erreichen will[303].

215 Bei grösseren Nachlässen mit einer Vielzahl von Erben löst die allgemeine Erbteilungsklage, d.h. die Klage auf Teilung der gesamten Erbschaft, in der Regel das zweistufige Verfahren der Losbildung und Loszuordnung aus, wobei das Gericht die Losbildung an die «zuständige Behörde» delegieren kann.

---

[303] Zum Bestimmtheitsgebot bei erbrechtlichen Klagebegehren vgl. ZBJV 1994 S. 564, ferner BGE 69 II 369; SPYCHER [2005], a.a.O. [Fn. 286], S. 40 f.

Gemäss bundesgerichtlicher Rechtsprechung hat der Teilungsrichter 216
den Nachlass festzustellen, die Teilungsquoten zu bestimmen und die
Teilung soweit als möglich durchzuführen[304]. Demgemäss ist es üblich, an den Beginn der Teilungsklage das Begehren um *«Feststellung des Umfangs der Erbschaft»* zu stellen. Bei diesem Begehren handelt es sich nicht um eine Feststellungsklage im prozesstechnischen Sinne. Vielmehr soll vorfrageweise das Teilungssubstrat definiert werden, auf welches sich das anschliessende Teilungsurteil bezieht. Die Ermittlung des Teilungssubstrates ist aber nicht Sache des Gerichts. Inventarisierung der Aktiven und Passiven mit einem allfälligen Schuldenruf obliegt de iure den Erben oder dem Willensvollstrecker, de facto in der Regel der «zuständigen Behörde». Mit dem Rechtsbegehren auf «Feststellung der Erbschaft» ist lediglich gemeint, der Zivilrichter habe den **ihm von den Parteien nachgewiesenen** Umfang des Teilungssubstrats in seinem Urteil so deutlich zu beschreiben, dass klar ist, worauf sich das Teilungsurteil bezieht.

Soweit im Rahmen der Erbteilung auch um die Ausgleichungspflicht 217
oder die Herabsetzung lebzeitiger Zuwendungen an Miterben gestritten wird, ist zusätzlich zur *«Feststellung des Umfangs der Erbschaft»* auch die Feststellung zu begehren, *«dass die Zuwendungen X, Y und Z der Ausgleichung [oder der Herabsetzung] unterliegen und mit ihrem Verkehrswert am Todestag des Erblassers in die Berechnungsmasse für den Ausgleichungsanspruch [oder den Herabsetzungsanspruch] des Klägers einzubeziehen sind.»* – Reicht der Nachlass nicht aus, um den Ausgleichungs- oder Herabsetzungsanspruch des Klägers zu decken, so muss der Kläger zusätzlich ein Leistungsbegehren gegen den Ausgleichungs- oder Herabsetzungsbegünstigten stellen[305]. Dabei handelt es sich um eine Klagenhäufung[306].

Im Rechtsbegehren der Teilungsklage muss notwendigerweise auch 218
die Feststellung des klägerischen Erbanteils verlangt werden. Es gibt keine Vornahme der Teilung ohne vorgängige Feststellung des klä-

---

[304] JOST [1960], S. 71 mit Verweis auf BGE 69 II 357, BGE 75 II 256, BGE 78 II 408.
[305] Zur Ausgleichungsklage vgl. vorn Rz. 142 ff.; zur Herabsetzungsklage vgl. vorn Rz. 60 ff.
[306] Vgl. BK-TUOR/PICENONI [1959/1964], Art. 604 N 4b.

gerischen Erbanteils[307], und zwar auch dann, wenn die Erbanteile nicht bestritten sind. Die Feststellung des Erbanteils ist ein notwendiger gedanklicher Schritt, um vom einleitend festgestellten Umfang der Erbschaft zu den konkreten Sachzuweisungen an Kläger und Beklagte zu gelangen, in die das Urteilsdispositiv allenfalls mündet.

8.2.2 Partielle Teilungsklage

219 **Vorbemerkung:** Partielle Teilungsklagen sind sowohl infolge von personeller als auch infolge von objektiver Beschränkung denkbar, wie es auch eine subjektiv- oder objektiv-partielle vertragliche Erbteilung gibt. Die Zulässigkeit partieller Teilungsklagen beruht letztlich auf der Dispositionsmaxime, die ihrerseits Korrelat der Privatautonomie ist; die Kompetenzen des Erbteilungsrichters werden durch die Rechtsbegehren der Parteien beschränkt. Partielle Teilungsklagen kommen dann vor, wenn nach Meinung des Klägers einzelne umstrittene Objekte vorweg geteilt bzw. liquidiert werden sollen, oder wenn die Erbteilung bereits fortgeschritten ist, einzelne Erben vielleicht bereits vollständig ausbezahlt worden sind und in einem späteren Stadium noch ein Dissens über die Verteilung des restlichen Nachlasses entsteht[308]. Die gegenständliche Zusammensetzung der Erbschaft kann allerdings, in Verbindung mit dem Grundsatz der Gleichbehandlung der Erben, eine weitergehende Teilung erheischen[309].

220 Bei objektiver Beschränkung wird lediglich die Zuteilung einzelner Erbschaftssachen zum Prozessgegenstand gemacht, ohne dass die Teilung der ganzen Erbschaft anvisiert wird. Da aber jeder Erbe einen Anspruch auf Teilung der ganzen Erbschaft hat, können Partialteilungsbeklagte mit einer allgemeinen Erbteilungsklage klagen, und zwar jeder von ihnen einzeln[310]. Angesichts einer solchen allgemeinen Klage wird die ursprüngliche Partialklage dann gegenstands-

---

[307] Jost [1960], S. 71, mit Verweis auf Kantonsgericht St. Gallen, 23.4.1956, SJZ 54 [1958], S. 184. Vgl. auch Spycher [2005], a.a.O. [Fn. 286], S. 42.
[308] Vgl. BSK-Schaufelberger [2003], Art. 602 N 33 ff. und Art. 604 N 6; Jost [1960], S. 125 ff.; Seeberger, S. 56 ff.
[309] Vgl. Seeberger [1993], S. 57 und 121 f.
[310] Vgl. Seeberger [1993], S. 56.

los. Da die allgemeine Erbteilungsklage nicht notwendigerweise etwas anderes und erst recht nicht das Gegenteil von dem bezweckt, was der Partialkläger anstrebt, sondern ganz einfach **mehr** als dieser, wäre es verfehlt, die allgemeine Erbteilungsklage in ihrem Verhältnis zur Partialklage als «Widerklage» zu bezeichnen. Ebenso ist es möglich und in der Regel aus prozessökonomischen Erwägungen angebracht, mehrere Teilungsklagen betreffend denselben Nachlass zu vereinigen[311].

Gerichtsstand: Wie vorn (Rz. 204). 221

Aktivlegitimation: Wie vorn (Rz. 205). 222

Passivlegitimation: Wie vorn (Rz. 209). 223

Befristung: Wie vorn (Rz. 211). 224

Streitwert: Wie vorn (Rz. 212). 225

Rechtsbegehren: 226

«1. *Es sei festzustellen, dass die Sache ... zum [noch ungeteilt gebliebenen restlichen] Nachlass des am ... verstorbenen X. gehört;*

2. *es sei festzustellen, dass der Kläger und der Beklagte an diesem [restlichen] Nachlass je zur Hälfte berechtigt sind;*

3. *es sei die erwähnte Sache ... dem Kläger in Anrechnung auf seinen Erbteil zuzuweisen; eventualiter sei diese Sache unter den Miterben, subeventualiter öffentlich zu versteigern, und es sei der Steigerungserlös nach Deckung der Steigerungsspesen an die Erben gemäss ihren Erbquoten zu verteilen.»*

Erläuterung: Hat die im Zuweisungsbegehren Nr. 3 bezeichnete 227 Sache im Erbteil oder in dem nach früheren Teilungshandlungen noch verbliebenen Erbanspruch des Klägers nicht Platz, so kann der Kläger gemäss der vorn[312] erwähnten Lehre begehren, es sei ihm die

---

[311] Vgl. BSK-SCHAUFELBERGER [2003], Art. 604 N 19.
[312] Rz. 185.

Sache *«Zug um Zug gegen Bezahlung des seinen Erbteil übersteigenden Wertes an die Beklagten zuzuweisen»*.

228 Der Kläger kann Zuweisung eines bestimmten Objektes an sich selber beantragen, nicht aber an andere Miterben. Das Gericht kann nicht auf dem Wege der partiellen Erbteilung einzelnen Erben Erbschaftssachen zuweisen, die von diesen Erben gar nicht begehrt werden.

229 Sinnvoll ist die Klage auf partielle Erbteilung vor allem dann, wenn ein einzelnes grosses Objekt, das in niemandes Erbteil Platz hat, liquidiert werden soll, um die Verwaltung der Erbschaft zu vereinfachen, Erbschaftsschulden tilgen zu können und die Erben in den Genuss von Abschlagszahlungen zu bringen. In einem solchen Falle beschränkt sich das Rechtsbegehren auf die dargestellten Eventualanträge.

230 Wenn das Liquidationsobjekt mit einem Grundpfandrecht belastet ist und die Pfandforderung im Zeitpunkt der Versteigerung fällig ist, kann jeder Erbe einzeln gestützt auf Art. 610 Abs. 3 ZGB verlangen, dass die Gantbeamtung angewiesen wird, nach Deckung der Steigerungsspesen und vor Verteilung des Steigerungserlöses die Pfandforderung aus dem Steigerungserlös zu tilgen[313]. Die Fälligkeit ist namentlich dann gegeben, wenn die Pfandforderung kraft vertraglicher Vereinbarung bei Veräusserung des Pfandobjektes sofort fällig wird. Solange die Pfandforderung jedoch noch nicht fällig ist, haben die Erben gegenüber dem Pfandgläubiger ebensowenig wie der Erblasser Anspruch auf vorzeitige Tilgung. Gestützt auf Art. 610 Abs. 3 ZGB kann in solchen Fällen nur die Sicherstellung der Pfandforderung durch Hinterlegung des entsprechenden Teils des Steigerungserlöses verlangt werden[314].

---

[313] Vgl. BSK-SCHAUFELBERGER [2003], Art. 604 N 5 und Art. 610 N 21; BK-TUOR/PICENONI [1959/1964], Art. 610 N 6 und N 9.
[314] Vgl. BK-TUOR/PICENONI [1959/1964], Art. 610 N 9; SJZ 30 [1933] S. 360.

9. Klage auf Vollzug des Erbteilungsvertrags

Vorbemerkung: Gemäss Art. 634 Abs. 1 ZGB wird die Teilung «*für die Erben verbindlich ... mit dem Abschluss des Teilungsvertrages*», wobei für diesen Vertrag auch bezüglich von Grundstücken, in Abweichung von Art. 657 ZGB, einfache Schriftform genügt[315]. Der Teilungsvertrag muss im Minimum die Frage «Wer erhält was?» regeln[316]. Der Erbteilungsvertrag hat jedoch, anders als die Realteilung, nicht bereits dingliche, sondern lediglich obligatorische Wirkungen[317]. Durch ihn verpflichten sich die Erben, die erforderlichen Verfügungshandlungen (Besitzübertragung, Grundbucheintrag etc.) vorzunehmen; kommen sie sodann dieser Pflicht nicht nach, so muss auf Vollzug geklagt werden. 231

Gerichtsstand: Am letzten Wohnsitz des Erblassers (Art. 18 Abs. 1 GestG)[318]. 232

Aktivlegitimation: Jeder Vertragspartner einzeln. 233

Passivlegitimation: Jene anderen Vertragspartner, von denen gestützt auf den Erbteilungsvertrag etwas verlangt wird: bei Fahrnis also der Besitzer, bei Grundstücken alle Miterben, die nicht auf der Klägerseite am Prozess mitwirken, gemeinsam als notwendige Streitgenossenschaft. 234

Befristung: Wird richtigerweise davon ausgegangen, dass der Erbteilungsvertrag bloss *obligatorische Wirkungen* hat, so ist sein Vollzug mit der Erfüllungsklage nach Art. 97 Abs. 2 OR und Art. 107 Abs. 2 OR durchzusetzen[319]. Diese unterliegt gemäss Art. 7 ZGB der zehnjährigen Verjährungsfrist des Art. 127 OR[320]. – Mässe man dem 235

---

[315] JOST [1960], S. 118; BGE 83 II 363.
[316] Vgl. dazu BGE 122 III 150, 154; BSK-SCHAUFELBERGER [2003], Art. 634 N 15 und 19 ff., der einen Katalog möglicher Vertragsinhalte aufstellt.
[317] BGE 102 II 184; BGer, 16.12.92, ZBGR 74 (1993), 377 (mit Anmerkungen von SCHMID); BSK-SCHAUFELBERGER [2003], Art. 634 N 13; SEEBERGER [1993], S. 17. Vgl. auch hinten Rz. 238 ff.
[318] Vgl. ZK-GRÜNINGER [2001], Art. 18 GestG N 22.
[319] JOST [1960], S. 118.
[320] Kantonsgericht Graubünden, PKG 22 [1983], S. 100 f.

Erbteilungsvertrag *dingliche Wirkung* zu, so könnte die Herausgabe der Erbschaftssachen mit der – vorbehältlich der Ersitzung – unverjährbaren Herausgabeklage nach Art. 641 Abs. 2 ZGB und die Eintragung als Alleineigentümer mit der unverjährbaren Grundbuchberichtigungsklage nach Art. 975 Abs. 1 ZGB verlangt werden.

236 **Streitwert:** Massgeblicher Streitwert ist das Interesse des Klägers, nicht dasjenige des oder der Beklagten oder der Wert des Gesamtnachlasses[321].

237 **Rechtsbegehren:**

Variante 1 (bewegliche Sachen): «*Es sei der Beklagte zu verurteilen, die zum Nachlass des X. gehörende Sache ... herauszugeben.*»

Variante 2 (Grundstücke in der Schweiz): «*Es seien die Beklagten A., B. und C. zu verurteilen, den am ... geschlossenen Erbteilungsvertrag über den Nachlass des am ... verstorbenen X. bezüglich des Grundstückes L zu vollziehen, und es sei das Grundbuchamt G anzuweisen, den Kläger als Alleineigentümer dieses Grundstücks einzutragen.*»

238 **Erläuterung:** Die Wirkungen des Teilungsvertrags sind umstritten. Die Lehre nimmt – zu Recht – praktisch einhellig an, dass der Teilungsvertrag nur obligatorische Wirkung hat, so dass der Rechtserwerb des Erwerbers auf dem Wege der Singularsukzession erfolgt und des Vollzugs bedarf – bei Grundstücken etwa durch konstitutiven Grundbucheintrag[322]. In BGE 116 II 174, 179 f., wird demgegenüber angedeutet, der Erbteilungsvertrag könnte unmittelbar dingliche Akkreszenz des Eigentums zugunsten der übernehmenden Erben bewirken[323]. Die beiden Rechtsauffassungen werden nachfol-

---

[321] Vgl. Jakob Frey, Der Basler Anwaltsgebührentarif, Basel/Frankfurt am Main 1985, S. 59.
[322] Vgl. Christian Brückner, ZBGR 81 [2000], S. 217, 226 f.; ZK-Escher [1960], Art. 634 N 13; Jost [1960], S. 119; BSK-Schaufelberger [2003], Art. 634 N 32; Jürg Schmid, in: ZBGR 75 [1994], S. 144-152; Stephan Wolf, Grundfragen der Auflösung der Erbengemeinschaft, Bern 2004, S. 298 ff.
[323] Vgl. dazu auch Obergericht Zürich, 12.4.1991, ZR 90 Nr. 66 S. 217–223 (221 f.).

gend kurz veranschaulicht; der Theorienstreit braucht freilich an dieser Stelle nicht entschieden zu werden:

Mit dem Tod des Erblassers werden die Erben von Gesetzes wegen zu Gesamteigentümern sämtlicher Erbschaftssachen, unabhängig von den Besitzesverhältnissen und vom Stand der Grundbucheinträge. Allemal führt der Erbteilungsvertrag dazu, dass alle Fahrnissachen, die sich zufälligerweise bereits im Besitze der übernehmenden Erben befinden, unmittelbar in deren Alleineigentum übergehen, sei es nun auf dem Wege der Singularsukzession, sei es auf dem Wege der Akkreszenz. Die Eigentumsübertragung erfolgt gestützt auf den Erbteilungsvertrag als Erwerbstitel und den beim Abschluss des Erbteilungsvertrags konkludent abgeschlossenen dinglichen Vertrag unter Verzicht auf die Besitzübertragung als Voraussetzung des Übergangs des dinglichen Rechts[324]. Für alle anderen Sachen gilt – je nach angewandter Theorie – was folgt: 239

– Misst man dem Erbteilungsvertrag bloss **obligatorische Wirkung** zu, so begründet er für alle Sachen, die sich noch nicht im Besitze der übernehmenden Erben befinden, vertragliche Herausgabeansprüche gegen die besitzenden Miterben. Bis zur Erfüllung dieser Herausgabeansprüche muss für solche Sachen weiterhin ein Gesamteigentum der Erbengemeinschaft angenommen werden. Bezüglich der Grundstücke begründet der Erbteilungsvertrag die vertragliche Pflicht sämtlicher Miterben, die erforderlichen Verfügungshandlungen vorzunehmen, nämlich das zuständige Grundbuchamt gemäss Art. 963 Abs. 1 ZGB anzuweisen, den übernehmenden Erben als Alleineigentümer einzutragen.

– Misst man dem Erbteilungsvertrag stattdessen **dingliche Wirkung** zu, so gehen mit seiner Unterzeichnung sämtliche Erbschaftssachen unmittelbar, d.h. bezüglich der Fahrnis (abweichend von Art. 714 ZGB) ohne Besitzübertragung und bezüglich Grundstücken ohne Grundbucheintrag ins Alleineigentum des übernehmenden Erben über.

Steht man auf dem Standpunkt der obligatorischen Wirkung des Erbteilungsvertrags, so kann das **Rechtsbegehren** nur auf eine Leis- 240

---
[324] Vgl. BK-STARK [1984], Art. 924 N 81 a.

tung lauten (Leistungsklage); bezüglich der Grundstücke in der Schweiz kann sogleich auch der gerichtliche Vollzug der vom Prozessgegner geschuldeten Leistung beantragt werden *(«... und es sei das Grundbuchamt X anzuweisen, den Kläger als Alleineigentümer einzutragen»).* Steht man auf dem Standpunkt der dinglichen Wirkung, so kann man vorweg den durch den Teilungsvertrag geschaffenen dinglichen Rechtsbestand feststellen lassen und anschliessend den vindikatorischen Herausgabeanspruch bezüglich Fahrnis bzw. die Grundbuchberichtigung (Art. 975 ZGB) bezüglich der Grundstücke beantragen.

241 Der Theorienstreit ist allerdings für die Formulierung der Rechtsbegehren nicht von entscheidender Bedeutung. Das Rechtsbegehren kann so formuliert werden, dass es beiden Theorien gerecht wird; denn im Rechtsbegehren braucht nicht gesagt zu werden, ob die Herausgabe der Sache aufgrund eines vertraglichen Rechts oder aufgrund des klägerischen Eigentums verlangt wird. Allemal wird der Beklagte *«zur Herausgabe»* (nicht *«zur Übertragung des Eigentums»)* verurteilt. Auch das Begehren um Anweisung des zuständigen Grundbuchamtes, den Kläger als Alleineigentümer einzutragen, kann gestellt werden, ohne dass im Rechtsbegehren oder im Urteil gesagt zu werden braucht, ob es sich um den Vollzug eines Vertrags oder um die grundbuchliche Darstellung eines ausserbuchlich bereits bestehenden dinglichen Rechtszustandes handelt.

10. Anfechtung des Teilungsvertrags (Art. 638 ZGB)

Vorbemerkung: Für die Anfechtung verweist Art. 638 ZGB auf die Vorschriften über die Verträge im Allgemeinen, d.h. auf das OR[325]. Ein rechtlich mangelhafter Teilungsvertrag kann demnach namentlich bei Vorliegen eines Dissenses, Nichtbeachtung von Formvorschriften, Handlungsunfähigkeit eines Kontrahenten, Unmöglichkeit oder Sittenwidrigkeit des Vertragsinhalts oder Willensmängeln erfolgen[326]. 242

Gerichtsstand: Am letzten Wohnsitz des Erblassers (Art. 18 Abs. 1 GestG)[327]. 243

Aktivlegitimation: Jeder Vertragspartner einzeln, in dessen Person ein Anfechtungsgrund verwirklicht ist. 244

Passivlegitimation: Sämtliche Vertragspartner, die nicht auf der Klägerseite am Prozess teilnehmen, gemeinsam als notwendige Streitgenossenschaft. 245

Befristung: Art. 638 ZGB verweist auch diesbezüglich auf die allgemeinen Bestimmungen des OR. Die Geltendmachung eines Willensmangels unterliegt der Verwirkungsfrist des Art. 31 OR. Dissens oder Nichtigkeit können – vorbehältlich des Rechtsmissbrauchs (Art. 2 Abs. 2 ZGB) – jederzeit geltend gemacht werden[328]. 246

Streitwert: Da die erfolgreiche Anfechtung den Vertrag insgesamt dahinfallen lässt, ist vom Gesamtinteresse, also dem Gesamtwert des 247

---

[325] Zur Frage, ob der Teilungsvertrag dingliche oder nur obligatorische Wirkung hat, vgl. vorn Rz. 231.
[326] BSK-SCHAUFELBERGER [2003], Art. 638 N 2; TUOR/SCHNYDER/SCHMID/RUMO-JUNGO [2002], S. 727 f.
[327] Vgl. BGE 72 I 175, 177; vgl. ferner ZK-GRÜNINGER [2001], Art. 18 GestG N 23; BSK-SCHAUFELBERGER [2003], Art. 638 N 4; BSK-SPÜHLER [2001], Art. 18 GestG N 4.
[328] BSK-SCHAUFELBERGER [2003], Art. 638 N 3; GAUCH/SCHLUEP/SCHMID/REY, Schweizerisches Obligationenrecht Allgemeiner Teil, 8.A., Zürich 2003, N 906.

mittels der angefochtenen Erbteilungsklage geteilten Nachlasses, als massgeblichem Streitwert auszugehen.

248 **Rechtsbegehren:**

Variante 1 (Nichtigkeit wegen Urteilsunfähigkeit des Klägers): *«Es sei festzustellen, dass der zwischen dem Kläger und den Beklagten am ... abgeschlossene Erbteilungsvertrag nichtig ist.»*

249 **Variante 2 (einseitige Unverbindlichkeit wegen eines Willensmangels des Klägers):** *«Es sei festzustellen, dass der zwischen dem Kläger und den Beklagten am ... abgeschlossene Erbteilungsvertrag dahingefallen ist».*

250 **Erläuterung:** Die Anfechtung des Erbteilungsvertrags bedarf keines rechtsgestaltenden Urteils, sondern lediglich einer Anfechtungserklärung seitens des Irrenden. Deren Gültigkeit und Rechtswirkungen sind im Urteil alsdann festzustellen[329]. Da der klagende Erbe bei Gutheissung der Klage nicht einfach Leistungsklage – etwa auf Ausgleichung oder Herabsetzung – gegen die übrigen Erben erheben kann, weil stattdessen grundsätzlich ein neuer Erbteilungsvertrag ausgehandelt werden muss, sollte ein Feststellungsinteresse stets zu bejahen sein[330].

251 Ist aufgrund des angefochtenen Erbteilungsvertrags bereits ein Grundbucheintrag erfolgt, so ist in einem zusätzlichen Rechtsbegehren auf Grundbuchberichtigung zu klagen (*«und es sei der Grundbuchverwalter in X. anzuweisen, den erfolgten Eintrag des B. auf dem Wege der Grundbuchberichtigung zu löschen und wiederum die Erben des E als Gesamthänder einzutragen»*).

---

[329] Vgl. JOST [1960], S. 119.
[330] Vgl. BGE 84 II 685, 694.

11. Vermächtnisklage (Art. 601 ZGB)

Vorbemerkung: Der Vermächtnisanspruch ist stets obligatorischer Natur, ob Vermächtnisinhalt nun ein Natural- oder ein Geldwert ist[331]. Die Klage geht auf Leistung.   252

Gerichtsstand: Am letzten Wohnsitz des Erblassers (Art. 18 Abs. 1 GestG)[332]; ESCHER möchte den Wohnsitz des Erben jedenfalls dann zulassen, wenn nur ein einziger Erbe vorhanden ist und die Vermächtnisforderung auf Geld lautet[333].   253

Aktivlegitimation: Jede testamentarisch oder erbvertraglich mit einem Vermächtnis bedachte Person (Art. 484 ZGB). Ist ein Vermächtnis an mehrere Personen gemeinsam ausgesetzt, z.B. «an die Ehegatten X.–Y.», dann ist eine notwendige Streitgenossenschaft der gemeinsam Bedachten anzunehmen.   254

Passivlegitimation: 255

a.) Regelfall, sofern sich aus der letztwilligen Anordnung nichts anderes ergibt: die Gesamtheit der Erben als notwendige Streitgenossenschaft bei einem Sachlegat, aufgrund der solidarischen Erbenhaftung (Art. 603 Abs. 1 ZGB) jedoch auch jeder Erbe einzeln bei einem Legat auf Geldleistung (allerdings nur, sofern der Vermächtnisnehmer nicht zugleich Erbe ist)[334].

b.) Wenn das Vermächtnis ausdrücklich zulasten eines bestimmten Erben ausgesetzt ist: grundsätzlich der beschwerte Erbe allein (Art. 562 Abs. 1 erster Unterfall), subsidiär, d.h. bei Nichterfül-

---

[331] Vgl. statt vieler WEIBEL [2002], a.a.O. [Fn. 74], S. 120 ff.
[332] Vgl. BSK-SPÜHLER [2001], Art. 18 GestG N 4; ZK-GRÜNINGER [2001], Art. 18 GestG N 24; BGE 66 I 48. Kritisch WEIBEL [2002], a.a.O. [Fn. 74], S. 121 f.
[333] ZK-ESCHER [1960] Art. 538 N 7.
[334] BGE 59 II 119, 123 f. = JdT 1934 I 514; BGE 101 II 218, 220 = SJZ 72 [1976] 261 = Pra 64 [1975] Nr. 236 = JdT 1976 I 601; WEIBEL [2002], a.a.O. [Fn. 74], S. 22 f., 75 f., 124 f. und 130 f.; WEIBEL [2005], a.a.O. [Fn. 99], S. 68 und 74.

lung der Primärleistung durch den beschwerten Erben, jedoch wiederum auch jeder Erbe einzeln auf Schadenersatz[335].

c.) Wenn das Vermächtnis ausdrücklich zulasten eines bestimmten Vermächtnisnehmers ausgesetzt ist (Untervermächtnis): der beschwerte Vermächtnisnehmer allein[336].

d.) Wenn ein Willensvollstrecker eingesetzt ist und solange unverteiltes Erbschaftsvermögen vorhanden ist: (auch) der Willensvollstrecker, allein oder zusätzlich zu den Erben[337]; der Willensvollstrecker ist jedoch nicht passivlegitimiert, wenn er über keine zu verteilenden Erbschaftsaktiven mehr verfügt[338]. Die Prozessführungsbefugnis des Willensvollstreckers schliesst jedoch ein Vorgehen der Vermächtnisnehmer direkt gegen die Erben nicht aus[339].
– Ist kein Erbschaftsvermögen mehr vorhanden, so kann gegen den Willensvollstrecker nicht die Vermächtnisklage, sondern allenfalls ein Verantwortlichkeitsanspruch aus Amtspflichtverletzung geltend gemacht werden[340].

256 **Befristung:** Die Vermächtnisklage unterliegt der zehnjährigen Frist des Art. 601 ZGB, bei der es sich um eine echte Verjährungsfrist handelt, die den Regeln des Art. 135 ff. OR über die Unterbrechung der Verjährung unterliegt.

257 Tritt die Fälligkeit des Vermächtnisses aufgrund einer Willensanordnung des Erblassers oder einer vor oder gleichzeitig mit der Mitteilung erklärten Erbschaftsannahme schon vor oder zur Zeit der amt-

---

[335] Art. 562 Abs. 3 ZGB; WEIBEL [2002], a.a.O. [Fn. 74], S. 125 f. und 132; WEIBEL [2005], a.a.O. [Fn. 99], S. 68.
[336] **A.M.** WEIBEL [2002], a.a.O. [Fn. 74], S. 126 f., wonach subsidiär wiederum alle Erben einzeln belangt werden können.
[337] Hier handelt es sich um einen Anwendungsfall der so genannten Prozessstandschaft oder (passiven) Prozessführungsbefugnis.
[338] Vgl. BGE 116 II 133 f., E. 3a und 3b; 94 II 142 ff., E. 1; DRUEY [2002], § 14 Rz. 70; BSK-KARRER [2003], Art. 518 N 80; WETZEL, Interessenkonflikte des Willensvollstreckers unter besonderer Berücksichtigung seines Anspruchs auf Erbschaftsverwaltung gemäss Art. 554 Abs. 2 ZGB, Zürcher Studien zum Privatrecht, Bd. 43, Zürich 1985, S. 29.
[339] BGE 83 II 427, 441. Vgl. aber die Kritik an diesem Entscheid bei FLÜCKIGER [2004], a.a.O. [Fn. 29], S. 93 Fn. 55.
[340] Vgl. hinten Rz. 325.

lichen Mitteilung der Zuwendung an den Bedachten (Art. 558 ZGB) ein, so beginnt die Frist im Zeitpunkt des Empfangs der amtlichen Mitteilung durch den Legatar. Tritt sie erst nach der amtlichen Mitteilung ein, so beginnt die Frist im Zeitpunkt der Fälligkeit, die entweder mit der – ausdrücklich oder durch Einmischung erklärten – definitiven Erbschaftsannahme durch die Erben, dem Verstreichen der Ausschlagungsfrist (Art. 562 Abs. 2 ZGB) oder zu dem in der Verfügung festgesetzten Zeitpunkt eintritt[341].

Streitwert: Der potenzielle Prozessgewinn des Klägers im Falle seines Obsiegens, also der Wert des geltendgemachten Vermächtnisses. 258

Rechtsbegehren: 259

Variante 1 (Geldlegat): «*Es seien die Beklagten zu verurteilen, dem Kläger das im Testament des ... [Name, Todesdatum] ausgesetzte Vermächtnis von CHF ... zuzüglich Zins zu 5% seit ... zu bezahlen*».

Variante 2 (Sachlegat): «*Es seien die Beklagten zu verurteilen, dem Kläger die im Testament des ... [Name, Todesdatum] vermachte Sache ... zu Eigentum zu übertragen.*» 260

Erläuterung: Verzugszins kann auf Geldlegaten zum gesetzlichen Satz (Art. 104 Abs. 1 OR) gefordert werden; gemäss der bundesgerichtlichen Rechtsprechung tritt mit der durch den Erblasser angeordneten Fälligkeit sogleich Verzug ein[342]. Bei verspätet ausgelieferten Sachlegaten hat der Kläger seinen Verzugsschaden zu substantiieren, wenn er einen solchen geltend machen will[343]. Der Ertrag der vermachten Sache steht ab Fälligkeit dem Bedachten zu, und zwar ohne Inverzugsetzung[344]. 261

---

[341] BSK-FORNI/PIATTI [2003], Art. 601 N 1; BK-TUOR/PICENONI [1959/1964], Art. 601 N 3 ff.
[342] BGE 83 II 441; bestätigt in BGE 111 II 421, E. 12; vgl. DRUEY [2002], § 11 Rz. 17. **A.M.** BSK-HUWILER [2003], Art. 562 N 11; ZK-ESCHER [1960], Art. 562 N 9a, gemäss denen der Verzug – und damit die Verzinslichkeit – erst eintreten soll, nachdem bei einem fälligen Vermächtnis die Erben durch Mahnung des Vermächtnisnehmers ausdrücklich in Verzug gesetzt worden sind.
[343] BSK-HUWILER [2003], Art. 562 N 40 ff.
[344] Vgl. ZR 96 (1997), Nr. 27.

262 Das Vermächtnis unterliegt nicht nur der Herabsetzung[345], sondern die Erbschafts- und Erbengläubiger gehen auch den Vermächtnisnehmern mit ihren Ansprüchen vor («nemo liberalis nisi liberatus»)[346]. Einem Antrag der Erben, das Verfahren zu sistieren, bis diese Gläubiger vollumfänglich befriedigt sind, sollte daher im Regelfall stattzugeben sein, damit die Erben nicht auf eine allfällige Rückforderung des allenfalls zuviel Geleisteten gegen die Vermächtnisnehmer verwiesen werden müssen[347].

263 Vermächtnisnehmer können unter den Voraussetzungen des Art. 594 Abs. 1 ZGB, d.h. bei begründeter Besorgnis, dass das Vermächtnis nicht ausgerichtet ist, sowie Ausbleiben der Befriedigung oder Sicherstellung trotz eines entsprechenden Begehrens an die Erben, innert drei Monaten ab dem Tod des Erblassers oder der Eröffnung der Verfügung vorsorgliche Massnahmen verlangen (Art. 594 Abs. 2 ZGB)[348].

---

[345] Vgl. vorn Rz. 67.
[346] Art. 564 ZGB. Vgl. WEIBEL [2005], a.a.O. [Fn. 99], S. 68.
[347] Eine solche Sistierung erscheint als «Minus» gegenüber der den Erben offen stehenden Einrede, dass nach Bezahlung der Erbschaftsschulden nichts oder nicht genügend zur Bezahlung der Vermächtnisse verbleibt (vgl. dazu BK-TUOR/ PICENONI [1957/1964], Art. 564 N 3.
[348] Vgl. hinten Rz. 268.

12. Gesuch um amtliche Liquidation der Erbschaft (Art. 593/594 ZGB)

Vorbemerkung: Wenn die **Gläubiger des Erblassers** begründete Besorgnis haben, dass ihre Forderungen nicht bezahlt werden, und wenn die Erben auf ihr Begehren hin ihre Forderung nicht (vollständig) befriedigen oder zumindest sicherstellen, so können sie die amtliche Liquidation der Erbschaft verlangen (Art. 594 Abs. 1 ZGB). «Begründete Besorgnis» bedeutet Glaubhaftmachung der Bedenken, dass die Forderung nicht bezahlt wird; ein strikter Beweis ist nicht erforderlich. Die Gründe für die Glaubhaftmachung können tatsächlicher (z.B. Überschuldung oder Zahlungsunfähigkeit von Erben) oder rechtlicher Natur sein (z.B. Auslandabwesenheit von Erben)[349]. Begründete Besorgnis ist dann gegeben, wenn das Begehren[350] erfolglos war[351]. Nicht erheblich ist demgegenüber im Falle der Leistung der verlangten Zahlung bzw. Sicherstellung, ob diese durch die Erben oder durch einen Dritten geleistet wurde; entscheidend ist einzig, dass die Zahlung vollständig bzw. die angebotene Sicherheit

264

---

[349] Umstritten ist, ob Besorgnis bezüglich eines einzigen Erben genügt, oder ob sie bezüglich sämtlicher Erben vorliegen muss. Aufgrund der Solidarhaftung der Erben (Art. 603 Abs. 1) ist die letztere Ansicht grundsätzlich vorzuziehen, wobei die Behörde die gesamten Verhältnisse würdigen muss: BSK-KARRER [2003], Art. 594 N 5; **a.M.** ZK-ESCHER [1960], Art. 594 N 10; BK-TUOR/PICENONI [1957/1964], Art. 594 N 11 f.

[350] Das Begehren des Gläubigers auf Befriedigung oder Sicherstellung seiner Forderung muss gegen alle dem Gläubiger bekannten Erben gerichtet sein, eine klare Aufforderung zur Zahlung oder Sicherstellung enthalten, eine den Umständen angemessene, verkehrsübliche Frist ansetzen sowie die Androhung enthalten, dass bei unbenutztem Fristablauf die amtliche Liquidation verlangt werde; die Zustellung eines Zahlungsbefehls ist in diesem Sinne ungenügend, da sie weder eine Fristansetzung noch eine Androhung beinhaltet: BSK-KARRER [2003], Art. 594 N 6.

[351] Das soll gemäss einer Lehrmeinung selbst dann der Fall sein, wenn für eine fällige Forderung Zahlung verlangt und bloss Sicherheit geleistet wurde: BSK-KARRER [2003], Art. 594 N 7.

ausreichend ist[352]. Daneben muss der Gläubiger auch seine Gläubigereigenschaft glaubhaft machen[353].

265 Auch die **Erben** selber können, solange sie die Erbschaft weder ausgeschlagen noch unter öffentlichem Inventar angenommen haben, dazu jedoch noch berechtigt sind, die amtliche Liquidation der Erbschaft verlangen (Art. 593 ZGB)[354]. Inhaltlich hat der Gesuchsteller den Tod des Erblassers, die getroffenen Sicherungsmassregeln und damit den Fristenlauf, seine Erbenstellung sowie das Fehlen der Annahme durch einen Miterben[355] darzustellen[356]. Eine Begründung ist hingegen, anders als beim Gesuch eines Gläubigers gemäss Art. 594 Abs. 1 ZGB, nicht erforderlich[357].

266 Form und Inhalt des Begehrens um amtliche Liquidation der Erbschaft sind bundesrechtlich nicht geregelt. Das Gesuch kann mündlich oder schriftlich gestellt werden, muss jedoch unbedingt und vorbehaltlos sein[358].

267 **Gerichtsstand:** Am letzten Wohnsitz des Erblassers (Art. 18 Abs. 2 GestG)[359]. Sachliche Zuständigkeit und Behördenorganisation richten sich nach der kantonalen Einführungsgesetzgebung zum ZGB;

---

[352] BSK-KARRER [2003], Art. 594 N 7, m.w.H.
[353] Vgl. ZK-ESCHER [1960], Art. 594 N 6; BSK-KARRER [2003], Art. 594 N 8 und 10; BK-TUOR/PICENONI [1957/1964], Art. 594 N 8. Der Entscheid der Behörde ist ohne materielle Rechtskraft hinsichtlich der tatsächlichen Gläubigereigenschaft des Gesuchstellers.
[354] DRUEY [2002], § 15 Rz. 83; ZK-ESCHER [1960], Art. 593 N 1 f. und 5; BSK-KARRER [2003], Art. 593 N 2 und 7; BK-TUOR/PICENONI [1957/1964], Art. 593 N 4 und 6; WEIBEL [2002], a.a.O. [Fn. 74], S. 101.
[355] Vgl. dazu hinten Rz. 273.
[356] Der Gesuchsteller kann gleichzeitig mit seinem Begehren vorsorglich die Ausschlagung oder Annahme (vorbehaltlos oder unter öffentlichem Inventar) der Erbschaft erklären für den Fall, dass dem Begehren wegen Erbschaftsannahme durch einen Miterben nicht stattgegeben werden kann; wird dem Begehren nicht stattgegeben, so kann der Gesuchsteller eine Verlängerung der Ausschlagungsfrist gemäss Art. 576 ZGB erwirken, da er sonst zufolge Fristablaufs als Annehmender betrachtet wird: BSK-KARRER [2003], Art. 593 N 7.
[357] BSK-KARRER [2003], Art. 593 N 7 bzw. Art. 594 N 8.
[358] BSK-KARRER [2003], Art. 593 N 6.
[359] Vgl. BSK-KARRER [2003], Art. 594 N 1; BK-TUOR/PICENONI [1957/1964], Vorbemerkungen zum vierten Abschnitt N 20.

diese kann für die Anordnung und den Vollzug der amtlichen Liquidation verschiedene Behörden vorsehen[360]. In Basel-Stadt entscheidet über das gläubigerische Gesuch gemäss Art. 594 Abs. 1 ZGB das Dreiergericht (§ 146 EGZGB); über das Begehren eines Erben auf amtliche Liquidation gemäss Art. 593 ZGB dürfte demgegenüber das – auch für die Durchführung der amtlichen Liquidation ausschliesslich zuständige (§ 147 EGZGB) – Erbschaftsamt selbständig entscheiden[361].

Aktivlegitimation: Aktivlegitimiert sind im Falle des Art. 594 Abs. 1 nur die *Gläubiger des Erblassers*, unabhängig von der Natur ihrer (jedoch notwendigerweise obligatorischen) Forderung, und zwar einzeln und unabhängig voneinander[362]. Nicht aktivlegitimiert sind die Erbgangs- oder Erbengemeinschaftsschuldner[363], die Erbengläubiger[364] sowie die Vermächtnisnehmer. Letztere können unter den

268

---

[360] ZK-Escher [1960], Vorbemerkungen zur amtlichen Liquidation N 6; BSK-Karrer [2003], Art. 595 N 1; BK-Tuor/Picenoni [1957/1964], Vorbemerkungen zum vierten Abschnitt N 19.

[361] Gemäss BK-Tuor/Picenoni [1957/1964], Art. 594 N 8, entscheidet das Erbschaftsamt in Basel-Stadt «ab und zu» auch dann über Begehren eines Gläubigers um amtliche Liquidation der Erbschaft, wenn nämlich keine Erben bekannt sind und es sich wegen des bescheidenen Nachlasses nicht lohnt, diese zu ermitteln.

[362] Druey [2002], § 15 Rz. 84; ZK-Escher [1960], Art. 594 N 4; BSK-Karrer [2003], Art. 594 N 1; Weibel [2002], a.a.O. [Fn. 74], S. 101. – Die Aktivlegitimation soll selbst für Gläubiger gelten, die gleichzeitig Erben oder Vermächtnisnehmer sind.

[363] Druey [2002], § 15 Rz. 84; ZK-Escher [1960], Art. 594 N 5; BK-Tuor/Picenoni [1957/1964], Art. 594 N 7. **A.M.** Weibel [2002], a.a.O. [Fn. 74], S. 103.

[364] Erbengläubiger haben nur, aber immerhin, die Möglichkeit der (gerichtlichen) Anfechtung einer Erbschaftsausschlagung durch «ihren» Erben gemäss Art. 578 ZGB; Gutheissung der (erbrechtlichen) Anfechtung führt zur konkursamtlichen Liquidation der gesamten Erbschaft. Die Anfechtung gemäss Art. 578 ZGB ist eine erbrechtliche Gestaltungsklage, die am letzten Wohnsitz des Erblassers anzuheben ist (BGE 117 II 26, 28). Sie verwirkt innerhalb von sechs Monaten seit der Ausschlagung. Aktivlegitimiert ist jeder Gläubiger des ausschlagenden Erben; anders als bei der – gegebenenfalls parallel möglichen – paulianischen Anfechtung gemäss Art. 285 ff. SchKG setzt die Aktivlegitimation keine Verlustscheine voraus. Die Klage ist gegen den ausschlagenden Erben zu richten. Das Rechtsbegehren kann wie folgt formuliert werden: «*Es sei die Ausschlagung des Beklagten im Nachlass von ... [Name, Todesdatum] aufzuheben. Demgemäss sei*

Voraussetzungen von Art. 594 Abs. 1 ZGB immerhin vorsorgliche Massnahmen (z.B. Aufnahme eines Güterverzeichnisses oder Inventars, Veräusserungsverbot, amtliche Verwahrung, Anordnung einer Grundbuchsperre, Zahlungsverbot an Erbschaftsschuldner oder Begründung eines Pfandrechts[365]) verlangen (Art. 594 Abs. 2 ZGB)[366].

269 Im Falle des Art. 593 sind aktivlegitimiert die (noch wahlberechtigten)[367] Erben, und zwar einzeln und unabhängig voneinander. Unerheblich ist, ob es sich um gesetzliche oder eingesetzte Erben handelt[368]. Nicht aktivlegitimiert sind die Vermächtnisnehmer.

270 **Befristung:** Das gläubigerische Begehren um amtliche Liquidation gemäss Art. 594 Abs. 1 ZGB kann innert einer Dreimonatsfrist vom Tode des Erblassers oder der (späteren) Eröffnung der Verfügung (Testament oder Erbvertrag) an verlangt werden. Der Fristbeginn ist für sämtliche Gläubiger gleich, mithin unabhängig von der Kenntnisnahme durch den Gläubiger nach rein objektiven Kriterien festzustellen. Es handelt sich um eine (ausgesprochen kurze) gesetzliche Befristung, die weder erstreckt noch unterbrochen werden oder ruhen kann[369]. Da das Begehren innert der dreimonatigen Frist gestellt werden muss, muss das Ende der den Erben anzusetzenden Frist zur

---

die Erbschaft gemäss Art. 578 ZGB amtlich zu liquidieren und der dem Beklagten zukommende Erbteil in erster Linie für die Deckung der Forderung der Klägerin zu verwenden.» Vgl. zum Ganzen BSK-SCHWANDER [2003], Art. 578 N 5 ff.; WEIBEL [2002], a.a.O. [Fn. 74], S. 102 f.

[365] BSK-KARRER [2003], Art. 595 N 14.

[366] Vgl. WEIBEL [2002], a.a.O. [Fn. 74], S. 102. – Zur Stellung des Begehrens ist jeder Vermächtnisnehmer einzeln und unabhängig von den anderen berechtigt. Sein Begehren ist unabhängig davon, ob aufgrund des Gesuchs eines Erben oder Gläubigers die amtliche Liquidation angeordnet oder verweigert wurde. Im Übrigen sind die formellen und materiellen Voraussetzungen für das Begehren des Vermächtnisnehmers gleich wie für dasjenige des Gläubigers gemäss Art. 594 Abs. 1 ZGB: ZK-ESCHER [1960], Art. 594 N 18 ff.; BSK-KARRER [2003], Art. 594 N 12 f.; BK-TUOR/PICENONI [1957/1964], Art. 594 N 30 ff.

[367] Vgl. dazu vorn Rz. 265.

[368] Auch der Erbe, dessen Erbenqualität fraglich ist (z.B. der provisorische oder durch letztwillige Verfügung ausgeschlossene Erbe), soll gemäss einer Lehrmeinung aktivlegitimiert sein: BKS-KARRER [2003], Art. 593 N 1, m.w.H.

[369] BSK-KARRER [2003], Art. 594 N 9; BK-TUOR/PICENONI [1957/1964], Art. 594 N 21.

Zahlung oder Sicherstellung vor ihrem Ablauf zu liegen kommen[370].

Beim Gesuch eines Erben um amtliche Liquidation gemäss Art. 593 ZGB ergibt sich die zeitliche Beschränkung daraus, dass der Gesuchsteller die Erbschaft weder ausgeschlagen noch unter öffentlichem Inventar angenommen hat, dazu jedoch noch berechtigt sein muss[371]. 271

Rechtsbegehren: 272

«Es sei die Erbschaft von ... [Name, Todesdatum] amtlich zu liquidieren.»

Erläuterung: Die Erbschaftsannahme durch einen Erben ist wirkungslos gegenüber dem Begehren eines Gläubigers um amtliche Liquidation der Erbschaft gemäss Art. 594 Abs. 1 ZGB; sie vermag mit anderen Worten die amtliche Liquidation nicht aufzuhalten[372]. Anders beim Gesuch eines Erben gemäss Art. 593 ZGB: Solange auch nur ein Miterbe die Erbschaftsannahme erklärt, kann dem Begehren um amtliche Liquidation keine Folge gegeben werden (Art. 593 Abs. 2 ZGB)[373]. 273

---

[370] Gemäss einer Lehrmeinung soll es immerhin zulässig sein, mit dem Begehren an die Erben gleichzeitig vorsorglich die amtliche Liquidation der Erbschaft zu verlangen unter der Suspensivbedingung, dass die Erben der Aufforderung innert Frist nicht nachkommen: BSK-KARRER [2003], Art. 594 N 6, m.w.H.

[371] Vgl. vorn Rz. 265.

[372] Wird demgegenüber die Erbschaft von sämtlichen Erben ausgeschlagen, so ist das Gläubigerbegehren nach Art. 594 ZGB wirkungslos, da die Erbschaft gemäss Art. 573 ZGB konkursamtlich liquidiert wird: DRUEY [2002], § 15 Rz. 44; ZK-ESCHER [1960], Art. 593 N 14 und Art. 594 N 14; BSK-KARRER [2003], Art. 594 N 4; WEIBEL [2002], a.a.O. [Fn. 74], S. 107 ff.

[373] DRUEY [2002], § 15 Rz. 83; ZK-ESCHER [1960], Art. 593 N 7 ff.; BSK-KARRER [2003], Art. 593 N 3; WEIBEL [2002], a.a.O. [Fn. 74], S. 101.

13. Vollziehungsklage bei erbrechtlichen Auflagen (Art. 482 ZGB)

274 **Vorbemerkung:** Erbrechtliche Auflagen, also Verhaltensanweisungen des Erblassers an die Erben oder Vermächtnisnehmer, begründen nach herrschender Meinung kein Forderungsrecht eines Berechtigten, sondern bloss einen klagbaren Vollziehungsanspruch der interessierten Personen[374]. Dieser Vollziehungsanspruch ist erforderlichenfalls durch Realvollstreckung gemäss den kantonalen Prozessrechten, nicht gemäss SchKG, zu vollstrecken und gegebenenfalls mittels Strafandrohung gemäss Art. 292 StGB zu verstärken. Den Belasteten trifft bei schuldhafter Nichterfüllung der Auflage keine vertragliche Haftung[375]. Nach herrschender Meinung kann die Nichterfüllung der Auflage immerhin einen Anspruch aus unerlaubter Handlung gemäss Art. 41 ff. OR[376], ungerechtfertigter Bereicherung gemäss Art. 62 ff. OR[377] oder Vertrauenshaftung gemäss Art. 2 Abs. 1 ZGB[378] begründen und zudem eine widerrechtliche Persönlichkeitsverletzung i.S.v. Art. 28 f. ZGB darstellen[379].

275 **Gerichtsstand:** Am letzten Wohnsitz des Erblassers (Art. 18 Abs. 1 GestG)[380].

---

[374] Art. 482 ZGB; vgl. BGE 105 II 253, 260; DRUEY [2002], § 11 Rz. 26; ZK-ESCHER [1959], Art. 482 N 13; HANS MICHAEL RIEMER, Bedingungen und Auflagen, namentlich bei Schenkungen und Verfügungen von Todes wegen, Jusletter 17.7.2000, N 13; BSK-STAEHELIN [2003], Art. 482 N 14, N 25 und 28; BK-TUOR [1952], Art. 482 N 6. **A.M.** BEATRICE UFFER-TOBLER, Die erbrechtliche Auflage, Diss. Zürich 1982, S. 30 und 143 ff., gemäss der den Interessierten eine Forderung gegen den Beschwerten auf Vollziehung der Auflage und demzufolge bei verschuldeter Nichterfüllung ein Schadenersatzanspruch nach Art. 97 ff. OR analog i.V.m. Art. 7 ZGB zustehe.

[375] Vgl. BGE 66 II 61, 65; BGE 105 II 253, 260; ZK-ESCHER [1959], Art. 482 N 22; RIEMER, a.a.O. [Fn. 374], N 13; BSK-STAEHELIN [2003], Art. 482 N 28; BK-TUOR [1952], Art. 482 N 18.

[376] PIOTET, SPR IV/1 [1978], S. 148; BSK-STAEHELIN [2003], Art. 482 N 28.

[377] UFFER-TOBLER, a.a.O. [Fn. 374], S. 146 ff.; BSK-STAEHELIN [2003], Art. 482 N 28.

[378] RIEMER, a.a.O. [Fn. 374], N 13.

[379] RIEMER, a.a.O. [Fn. 374], N 13.

[380] Vgl. BSK-STAEHELIN [2003], Art. 482 N 27; BSK-SPÜHLER [2001], Art. 18 GestG N 4; ZK-GRÜNINGER [2001], Art. 18 GestG N 24.

Aktivlegitimation: Jeder, der ein rechtliches oder tatsächliches, materielles oder ideelles Interesse an der Vollziehung der Auflage hat[381]. Dazu gehört auch der Willensvollstrecker[382]. Der Kreis der interessierten Personen wird in der Praxis weit gefasst[383]. 276

Passivlegitimation: Die Beschwerten (Erben oder Vermächtnisnehmer) und der Willensvollstrecker, wenn die Vollziehung der Auflage ihm oblag[384]. 277

Befristung: Sofern nicht bereits die erblasserische Verfügung die Auflage in zeitlicher Hinsicht einschränkt[385], ergibt sich eine erste zeitliche Begrenzung der Auflage aus der maximal zulässigen Dauer der Auflage. Im Allgemeinen ist die Auflage im Hinblick auf Art. 335 Abs. 2 ZGB und in Analogie zu Art. 488 Abs. 2 ZGB auf die Dauer von zwei Generationen, d.h. auf etwa 50–70 Jahre beschränkt[386], bei reinen Vermögensleistungen auf 30 Jahre[387]. 278

Gemäss einer Meinung unterliegt der Vollziehungsanspruch zusätzlich der Verjährung gemäss Art. 601 ZGB analog[388], gemäss einer anderen verjährt er nicht, da es sich bei dem Anspruch gar nicht um eine Forderung handelt[389]. Das Bundesgericht hat die Frage bisher offen gelassen[390]. Gegenüber dem (kaum je gutgläubigen) Beschwerten dürfte es angebracht sein, innerhalb der vorn (Rz. 278) darge- 279

---

[381] BSK-Staehelin [2003], Art. 482 N 2, 14 und 25, m.w.H.
[382] BSK-Karrer [2003], Art. 518 N 85.
[383] Druey [2002], § 11 Rz. 27, unter Verweis auf BGE 108 II 278, 286.
[384] BSK-Staehelin [2003], Art. 482 N 27, m.w.H.
[385] Eine vom Erblasser zu lange befristete Auflage ist nicht nichtig, sondern auf das zulässige Mass herabzusetzen: BSK-Staehelin [2003], Art. 482 N 32.
[386] BGE 87 II 355, 362; Druey [2002], § 11 Rz. 35; BSK-Staehelin [2003], Art. 482 N 32, in analoger Anwendung des Gedankens, wonach gemäss Art. 488 Nacherbeneinsetzungen und Nachvermächtnisse zulässig sind, sodass rechtliche Bindungen für zwei Generationen möglich sind.
[387] BSK-Staehelin [2003], Art. 482 N 31 f.; Spiro, a.a.O. [Fn. 189], S. 1286.
[388] Appellationshof Bern, ZBJV 73 [1937], S. 88, 89; Piotet, SPR IV/1 [1978], S. 152; Spiro, a.a.O. [Fn. 189], S. 132 Fn. 23; Uffer-Tobler, a.a.O. [Fn. 374], S. 96 ff.
[389] ZK-Escher [1959], Art. 482 N 22; BSK-Staehelin [2003], Art. 482 N 31.
[390] BGE 108 II 278, E. 5.a = Pra 71 753, E. 5.a; BGE 76 II 202, 208 f.; das Gericht hat in diesem Entscheid immerhin klargestellt, dass die zehnjährige Verjährungsfrist gemäss Art. 601 ZGB, sofern sie zur Anwendung kommen sollte, jedenfalls nicht vor Entstehung des Klagerechts zu laufen beginnen könnte. In BGE 87 II 355,

stellten zeitlichen Schranken von der Unverjährbarkeit des Vollziehungsanspruchs auszugehen, zumal es bei Auflagen an einem Gläubiger fehlt, dem die Geltendmachung seines Rechts innert Frist durch Klage oder Betreibung zuzumuten ist. Vererbt der Beschwerte jedoch sein Vermögen weiter, ohne dass seine Erben etwas von der Auflage an die vorherige Generation wissen, dann dürfte jedenfalls Verjährbarkeit des Anspruchs angemessen sein[391].

280 Von Auflagen, die zu sehr in die persönliche Sphäre eingreifen, kann sich der Beschwerte mit der Ungültigkeitsklage befreien. Beklagter ist jener Rechtsträger, der am Vollzug der Auflage ein allenfalls klagbares Interesse hat[392]. Der auf Vollziehung der Auflage beklagte Erbe oder Vermächtnisnehmer kann die Ungültigkeit auch einredeweise geltendmachen.

280a **Rechtsbegehren:** *«Es sei der Beklagte unter Androhung der Bestrafung gemäss Art. 292 StGB mit Haft oder Busse im Widerhandlungsfall zu verurteilen, eine Stiftung mit Sitz in Basel zu errichten und mit CHF 1 000 000.– zuzüglich Zins zu 5% seit ... zu dotieren, und zwar mit dem Namen ‚XY-Stiftung zur Förderung des Tennis-Nachwuchses im Kanton Basel-Stadt' und mit dem Zweck, den Tennis-Nachwuchs im Kanton Basel-Stadt zu fördern.»*

280b Nur konkret formulierte Auflagen, die dem Beschwerten ein bestimmtes Tun oder Unterlassen klar vorschreiben, sind rechtlich durchsetzbar. Wo dem auflagenbeschwerten Empfänger von Nachlasswerten ein erhebliches eigenes Ermessen zusteht, wann und wie er vorgehen will, ist die erblasserische Anordnung als blosser Wunsch zu qualifizieren, dem die rechtliche Durchsetzbarkeit abgeht.

280c Lässt sich aus der Auflage ein Forderungsrecht des Klägers ableiten, so kann dieser wie ein Vermächtnisnehmer auf Leistung an sich selber klagen. Andernfalls muss, wie im dargestellten Rechtsbegehren, auf Realerfüllung geklagt und hinsichtlich der Sanktion mit Art. 292

362, hat das Gericht festgehalten, dass Auflagen «durch das Gesetz einer zeitlichen Begrenzung nicht unterworfen sind.»

[391] Vgl. DRUEY [2002], § 11 Rz. 35, gemäss dem in Anlehnung an die bundesgerichtlichen Äusserungen [vgl. vorn Fn. 390] die Vermutung gelten soll, dass die Auflage spätestens mit dem Ableben des Beschwerten ihr Ende findet.

[392] Vorn Rz. 10 ff., namentlich 16.

StGB operiert werden. Die Realerfüllung ist im Rechtsbegehren so genau wie möglich zu beschreiben, und zwar in Anlehnung an den Wortlaut der erblasserischen Verfügung.

14. Streit zwischen Miterben über Fragen der Nachlassverwaltung

14.1 Einleitung

281 In ihrer Eigenschaft als Gesamthänder müssen die Erben grundsätzlich alle Verwaltungshandlungen und Verfügungen über Nachlassgegenstände gemeinsam vornehmen[393]. Dies erheischt Einstimmigkeit; das Einstimmigkeitserfordernis kann auch nicht vertraglich wegbedungen werden. Legen sich einzelne Miterben längerfristig quer oder sind – namentlich bei grossen Erbengemeinschaften – die Erben über die ganze Welt verstreut, so wird die Erbengemeinschaft handlungsunfähig.

282 Jeder einzelne Erbe kann die Handlungsfähigkeit dadurch wieder herstellen lassen, dass er bei der zuständigen Behörde[394] die Einsetzung eines Erbenvertreters gemäss Art. 602 Abs. 3 ZGB verlangt[395]. Der Erbenvertreter wird gewissermassen zum alleinigen Geschäftsführer der Erbengemeinschaft; den Miterben wird die Geschäftsführungsbefugnis entzogen. Die Handlungen des Erbenvertreters unterliegen der Beschwerde[396]. – Die in Basel-Stadt übliche, vom Erbschaftsamt den Erben zur Unterzeichnung vorgeschlagene «blaue Vollmacht» bezweckt unter anderem, auf rechtsgeschäftlichem Wege eine gemeinsame Erbenvertretung und damit die optimale Handlungsfähigkeit der Erbengemeinschaft herzustellen. Die Unterzeichner solcher Vollmachten können die Bevollmächtigung aber jederzeit widerrufen und damit den Erbenbevollmächtigten absetzen, wogegen die Absetzung des behördlich bestellten Erbenvertreters nur auf dem Beschwerdeweg erreicht werden kann[397].

283 Zu unterscheiden sind der soeben erwähnte **Erbenvertreter** gemäss Art. 602 Abs. 3 ZGB, der **Erbschaftsverwalter** (in den beiden Funk-

---

[393] Druey [2002], § 14 Rz. 22 ff.; BSK-Schaufelberger [2003], Art. 602 N 11 ff., m.w.H.
[394] Basel-Stadt: Erbschaftsamt.
[395] Vgl. hinten Rz. 287 ff.
[396] Vgl. hinten Rz. 295 ff.
[397] Vgl. Druey [2002], § 14 Rz. 36.

tionen des Sicherungsbeauftragten gemäss Art. 554 ZGB und des amtlichen Liquidators gemäss Art. 595 ZGB) und der **Willensvollstrecker** (Art. 518 ZGB)[398]. Die Pflichtenhefte dieser Funktionsträger decken sich hinsichtlich der Verwaltung der Erbschaft zwar weitgehend, aber die Voraussetzungen ihrer Bestellung sind verschieden: Der Erbenvertreter wird bestellt wegen Uneinigkeit innerhalb der Erbengemeinschaft, der Erbschaftsverwalter wegen Unklarheit über die erbberechtigten Personen, der Willensvollstrecker als verlängerter Arm des Erblassers zur Durchsetzung von dessen Willen gegenüber den Erben.

Liegt *Gefahr im Verzug*, so ist jeder Erbe befugt, mit Wirkung für und gegen sämtliche Erben dringliche Massnahmen selbständig vorzunehmen[399]. Wo die Erbengemeinschaft in Zivilprozessen als Klägerin auftritt und als notwendige Streitgenossenschaft handeln muss, können einzelne Erben vorübergehend auch für (noch) nicht in den Prozess einbezogene Personen handeln[400]. Können die Vollmachten der übrigen Miterben nicht beigebracht werden, so müssen die prozessierenden Erben sich rasch um die amtliche Einsetzung eines

284

---

[398] Anders als der Erbenvertreter gemäss Art. 602 Abs. 3 ZGB wird der Erbschaftsverwalter gemäss Art. 554 ZGB stets von Amtes wegen eingesetzt, wenn einer der im Gesetz abschliessend aufgeführten Gründe für die Anordnung einer Erbschaftsverwaltung gegeben ist; eine Einsetzung auf Antrag eines Erben ist nicht vorgesehen: BSK-KARRER [2003], Art. 554 N 6. Hingegen untersteht der Erbschaftsverwalter gleich wie der Erbenvertreter der Behördenaufsicht in Analogie zu Art. 595 Abs. 3 ZGB; daher ist entsprechend gegen seine Handlungen und Unterlassungen die Beschwerde möglich: BSK-KARRER [2003], Art. 554 N 61 ff.; vgl. § 139 Abs. 2 ZGB. Diesbezüglich kann auf die Beschwerde gegen Handlungen und Unterlassungen des Erbenvertreters (vgl. hinten Rz. 295 ff.) und des Willensvollstreckers (vgl. hinten Rz. 303 ff.) verwiesen werden. Für die Anordnung der Erbschaftsverwaltung zuständig ist in Basel-Stadt der Vorsteher des Erbschaftsamtes (§ 134 EGZGB).

[399] BGE 121 III 118, 122; BGE 58 II 195, 198 ff.; DRUEY [2002], § 14 Rz. 26; ZK-ESCHER [1960], Art. 602 N 13; BSK-SCHAUFELBERGER [2003], Art. 602 N 18 ff.; TUOR/SCHNYDER/SCHMID/RUMO-JUNGO [2002], S. 669 f. – Gegebenenfalls können auch in nicht-dringlichen Fällen die Voraussetzungen der Geschäftsführung ohne Auftrag (Art. 419 ff. OR) erfüllt sein und einen Erben ausnahmsweise zum rechtsverbindlichen Handeln für die Erbengemeinschaft legitimieren.

[400] Kassationsgericht ZH, 23.10.1991, ZR 91 (76) S. 273–279, mit Verweis auf BGE 58 II 198 ff.

Erbenvertreters gemäss Art. 602 Abs. 3 ZGB kümmern. Kann ein Erbenvertreter etwa aufgrund nicht verlängerbarer gesetzlicher Handlungsfristen nicht innert nützlicher Frist bestellt werden, so kann unter Umständen ein dringlicher Fall vorliegen, in welchem ein Miterbe jedenfalls bis zur Ernennung des Erbenvertreters allein handeln kann[401].

285 Bei Rechtsgeschäften der Erbengemeinschaft mit einem einzelnen Erben (Abschluss eines Mietvertrags, Kündigung eines Pachtvertrags etc.) müssen aufgrund des Gesamthandsprinzips, aber auch zur Vermeidung von Interessenkonflikten, auf Seiten der Gemeinschaft sämtliche Erben mitwirken, einschliesslich jenes Erben, mit dem das Rechtsgeschäft abgeschlossen wird[402]. Statt der Erbengemeinschaft kann wiederum ein Erbenvertreter gemäss Art. 602 Abs. 3 ZGB handeln[403].

286 In öffentlichrechtlichen Streitigkeiten, die den Gesamtnachlass betreffen, wird das Erfordernis der notwendigen Streitgenossenschaft weniger streng gehandhabt; hier wird in der Regel einzelnen Miterben gestattet, ohne Vollmacht der anderen und ohne Einsetzung eines Erbenvertreters zu handeln[404].

---

[401] Vgl. ROGER WEBER, Der zivilrechtliche Schutz der Familienwohnung, AJP 2004 30, 42.

[402] BGE 125 III 219; vgl. BSK-SCHAUFELBERGER [2003], Art. 602 N 19, m.w.H.; DRUEY [2002], § 14 Rz. 25a. Gemäss BGE 74 II 215, 217, und BGE 109 II 400, 403, gilt dies nicht für gerichtliche Auseinandersetzungen, bei denen der eine Miterbe als Kläger oder Beklagter, alle anderen in der umgekehrten Parteirolle einbezogen sind. Die Notwendigkeit des Handelns aller auf der einen Seite gilt also nur für die nichtstreitige Abschliessung und Abwicklung von Rechtsgeschäften. – Die Zustimmung eines Erben zu einem Vertrag, den er mit dem (durch seine sämtlichen Miterben vertretenen) Nachlass abschliesst, darf im Übrigen (auch nachlassseitig) vorausgesetzt werden; hier sollte vom Erfordernis der Mitwirkung des betreffenden Erben auf beiden Seiten des Rechtsgeschäfts dispensiert werden.

[403] BGE 125 III 219.

[404] Beispiele: Beschwerde in einem Nutzungsplanverfahren, welches Erbschaftsgrundstücke betrifft (Verwaltungsgericht Schwyz, 21.5.1991, EGVSZ 1991 S. 5/6); Beschwerde gegen eine Perimeterverfügung (Verwaltungsrekurskommission St. Gallen, 26.9.1989, SGGVP 1989 (46) S. 99 f.).

14.2 Gesuch um Bestellung eines Erbenvertreters (Art. 602 Abs. 3 ZGB)

Vorbemerkung: Art. 602 Abs. 3 ZGB stellt ein Korrektiv zum (schwerfälligen) Gesamthandsprinzip dar, das in der Erbengemeinschaft gilt[405]. Ist eine Erbengemeinschaft ausserstande, innert nützlicher Frist die nötigen Entscheide zu treffen und (im Aussenverhältnis) zu handeln, so kann, sofern weder ein Willensvollstrecker noch ein Erbschaftsverwalter ernannt wurde[406], ein Erbenvertreter bestellt werden, der anstelle der Erben die notwendigen Entscheidungen trifft und die Erbengemeinschaft damit aktionsfähig erhält. Die Bestellung eines Erbenvertreters setzt die Gefährdung der Substanz oder der ordentlichen Erträge des Nachlasses voraus; blosse Meinungsverschiedenheiten der Erben über die Verwaltung des Nachlasses stellen keine Notwendigkeit für die Bestellung eines Erbenvertreters dar[407]. Entsprechend kann die Behörde den Antrag abweisen, wenn ihr keine genügenden Gründe für die Einsetzung eines Erbenvertreters gegeben zu sein scheinen[408].

287

Gerichtsstand: Örtlich zuständig ist die Behörde am letzten Wohnsitz des Erblassers (Art. 18 Abs. 2 GestG)[409]. – Wer die sachlich «zuständige Behörde» (Art. 602 Abs. 3 ZGB) ist, ergibt sich aus der kantonalen Einführungsgesetzgebung zum ZGB; in Basel-Stadt: Vorsteher des Erbschaftsamtes.

288

Aktivlegitimation: Jeder gesetzliche und eingesetzte Erbe selbständig (Art. 602 Abs. 3 ZGB)[410].

289

---

[405] Vgl. statt vieler BGE 121 III 118, E. 2/3. Vgl. im Übrigen vorn Rz. 281 ff.
[406] Vgl. DRUEY [2002], § 14 Rz. 12 und 39.
[407] Kantonsgericht Fribourg, 23.5.2003, RFJ 2003 38; Regierungsrat Bern, 7.1.2002, BVR 2002 305. Zu den Voraussetzungen für die Ernennung des Erbenvertreters vgl. im einzelnen BSK-SCHAUFELBERGER [2003], Art. 602 N 43 ff.
[408] DRUEY [2002], § 14 Rz. 60.
[409] Vgl. BSK-SCHAUFELBERGER [2003], Art. 602 N 40; BSK-SPÜHLER [2001], Art. 18 GestG N 14.
[410] DRUEY [2002], § 14 Rz. 60; BSK-SCHAUFELBERGER [2003], Art. 602 N 21 und 43. Vgl. Regierungsrat Bern, 7.1.2002, BVR 2002 305, 307.

290 **Passivlegitimation:** Jene Miterben, die nicht auf der Seite des Gesuchstellers mitwirken, sind als Gesuchsgegner oder Gesuchsbeklagte zu nennen; da der einzusetzende Erbenvertreter für die ganze Erbengemeinschaft handelt, müssen sämtliche Erben in das Ernennungsverfahren einbezogen werden.

291 **Befristung:** Solange die Erbengemeinschaft unter einigen Erben fortbesteht, kann bei Uneinigkeit über die Vertretung und Verwaltung der Erbschaft jederzeit ein Gesuch um Bestellung eines Erbenvertreters gestellt werden[411].

292 **Rechtsbegehren:**

Variante 1 (mit einem Vorschlag bezüglich der zu ernennenden Person): «*In der Erbschaftssache des am ... verstorbenen X.Y. sei Frau A.B., [Adresse], als gesetzliche Erbenvertreterin gemäss Art. 602 Abs. 3 ZGB einzusetzen, unter Kostenfolge zulasten der Gesuchsbeklagten, eventualiter zulasten des Nachlasses.*»

293 **Variante 2 (ohne Ernennungsvorschlag):**

«*1. In der Erbschaftssache des am ... verstorbenen X.Y. sei ein gesetzlicher Erbenvertreter gemäss Art. 602 Abs. 3 ZGB einzusetzen, unter Kostenfolge zulasten der Gesuchsbeklagten, eventualiter zulasten des Nachlasses.*

2. Die Behörde habe die Person des Erbenvertreters nach Anhörung der Erben zu bestimmen.»

294 **Erläuterung:** Zur gewünschten Person des Erbenvertreters können die Gesuchsteller Vorschläge machen. Die Behörde ist an die Vorschläge in personeller Hinsicht nicht gebunden. Sie kann die Erbenvertretung einem Miterben oder einem Dritten übertragen[412]. Sind die Beziehungen zwischen den Miterben durch Spannungen und Misstrauen geprägt, was anlässlich der Bestellung eines Erbenvertreters die Regel sein dürfte, dann tun die Antragsteller gut daran, in ihrem Gesuch vorerst keinen Namen zu nennen, sondern die Ernen-

---

[411] Kantonsgerichtspräsidium Graubünden, PKG 58 [1988], S. 186, 188.
[412] ZK-ESCHER [1960], Art. 602 N 76; BSK-SCHAUFELBERGER [2003], Art. 602 N 41.

nungsbehörde informell zu gegebener Zeit wissen zu lassen, wen sie sich vorstellen können. Andernfalls opponieren die Gesuchsbeklagten von vornherein, und die Ernennungsbehörde muss sich anderweitig umsehen. Von der Bestellung eines Miterben als Erbenvertreter sollte, wenn andere Miterben opponieren, grundsätzlich abgesehen werden. Der Miterbe ist als Erbenvertreter immer im Interessenkonflikt.

14.3 Beschwerdeführung gegen Handlungen des Erbenvertreters

Vorbemerkung: Obwohl der Erbenvertreter keine öffentlichrechtlichen Befugnisse hat, ist gegen seine Handlungen die Beschwerde zulässig[413]. Die Kognition der Aufsichtsbehörde beschränkt sich auf Willkürkontrolle, d.h. auf grobe Fehler des Erbenvertreters. In sein Ermessen wird nicht eingegriffen[414]. 295

Zuständig: Wie vorn (Rz. 80). Sachlich zuständig ist in erster Instanz die Ernennungsbehörde (sofern in der kantonalen Einführungsgesetzgebung zum ZGB nichts Abweichendes angeordnet ist). Sie beaufsichtigt den von ihr ernannten Erbenvertreter. Weiterzug der Beschwerde an eine übergeordnete kantonale richterliche Instanz und ans Bundesgericht ist zulässig. 296

Aktivlegitimation: Jeder Erbe einzeln. 297

Passivlegitimation: Der Erbenvertreter. 298

Befristung: Wie die Beschwerde gegen den Willensvollstrecker[415] ist auch diejenige gegen den Erbenvertreter von Gesetzes wegen an keine Frist gebunden. Sie unterliegt daher den besonderen und subsidiär den allgemeinen Regeln des kantonalen Rechts bezüglich Be- 299

---

[413] ZK-Escher [1960], Art. 602 N 83; BSK-Schaufelberger [2003], Art. 602 N 49 ff.; Tuor/Schnyder/Schmid/Rumo-Jungo [2002], S. 671.
[414] Chambre de recours Waadt, 10.2.1992, i.S. Rivier, JDT 1993 III 14–17.
[415] Vgl. hinten Rz. 303 ff.

schwerdeführung in zivil- und verwaltungsrechtlichen Angelegenheiten. Im Kanton Basel-Stadt gilt eine zehntägige Frist[416].

300 **Rechtsbegehren:**
Verschiedene Formulierungen sind denkbar; beispielsweise: «*Der Beschwerdebeklagte sei anzuweisen, bis spätestens zum ... [Nennung des verlangten Handelns]*»; oder: «*Dem Beschwerdebeklagten sei zu untersagen ...*».

301 Hat der Erbenvertreter sein beabsichtigtes Vorgehen in einer «Verfügung» gegenüber den Erben eröffnet, so ist die Beschwerde als eine solche gegen die betreffende Verfügung zu formulieren: «*Es sei die Verfügung [oder: es seien Ziffern X und Y der Verfügung] des Beschwerdebeklagten vom ... [Datum] aufzuheben, und es sei der Beschwerdebeklagte anzuweisen ... [es folgt das gewünschte Handeln]*».

302 **Erläuterung:** Wenn sich Erbenvertreter oder Willensvollstrecker gegen Verantwortlichkeitsansprüche schützen wollen, können sie ihr beabsichtigtes Vorgehen nach bisheriger Basler Praxis den Erben in Gestalt von «Verfügungen» schriftlich mitteilen und Frist zur Anhebung einer Aufsichtsbeschwerde setzen[417]. Solche «Verfügungen» sind rein privatrechtlicher Natur. Sie können nicht in Rechtskraft erwachsen und haben keine rechtsgestaltende Wirkung. Sie haben den Charakter blosser Absichtserklärungen und entlasten den Verfügenden von Verantwortlichkeit und Haftung[418], wenn die Verfügungsadressaten nicht innert Frist mit der Aufsichtsbeschwerde reagieren[419]. Gegen die Zulässigkeit solcher «Beschwerdeprovokationen» spricht sich KARRER aus[420]. In gewissen Kantonen wird auf Beschwerden gegen derartige «Verfügungen» nicht eingetreten aufgrund der Erwägung, der Erbenvertreter und der Willensvollstrecker könnten

---
[416] § 139 Abs. 2 EGZGB BS.
[417] Ähnlich auch BK-TUOR [1952], Art. 518 N 29; ZK-ESCHER [1960], Art. 518 N 25.
[418] Die Haftung des Erbenvertreters untersteht dem Auftragsrecht (Art. 398 ff. OR): DRUEY [2002], § 14 Rz. 41.
[419] Vgl. FLÜCKIGER [2004], a.a.O. [Fn. 29], S. 102 und 104 (Fn. 88), mit Hinweis auf BGE 108 II 535, 537 f., und BGE 5P.83/2003, 8.7.03, E. 1.
[420] BSK-KARRER [2003], Art. 518 N 101 i.V.m. Art. 595 N 34.

sich nicht im Voraus für ihre beabsichtigten Handlungen den Segen der Aufsichtsbehörde geben lassen, sondern sie müssten ihre Handlungen allemal selber verantworten; dafür seien sie schliesslich auch bezahlt. – Anerkennt man diese Auffassung als die richtige, dann können Erbenvertreter und Willensvollstrecker durch Absichtskundgebungen und durch das Setzen von «Einsprache»-Fristen zwar faktisch ihre Verantwortlichkeit mildern, indem sie den Betroffenen und sich selber die Gelegenheit geben, verschiedene Betrachtungsweisen zur Geltung zu bringen und zu würdigen. Rechtlich wird den Betroffenen dadurch aber nicht die Möglichkeit abgeschnitten, noch nachträglich den Erbenvertreter oder Willensvollstrecker mit einer Verantwortlichkeitsklage zu belangen[421].

---

[421] Zur Haftung des Erbenvertreters aus Art. 398 OR vgl. BSK-SCHAUFELBERGER [2003], Art. 602 N 48.

15. Rechtsbehelfe gegen den Willensvollstrecker

303 **Vorbemerkung:** Der Willensvollstrecker steht gemäss Art. 518 Abs. 1 ZGB in den Rechten und Pflichten des amtlichen Erbschaftsverwalters. Aus dieser Regelung wird gefolgert, dass der Willensvollstrecker auch unter der gleichen Aufsicht steht wie der Erbschaftsverwalter, und zwar wie der in Art. 595 ZGB als Erbschaftsverwalter bezeichnete Liquidator, nicht wie der in Art. 554 ZGB ebenfalls als Erbschaftsverwalter bezeichnete Sicherungsbeauftragte[422]. Die Behördenaufsicht über den Erblasser ist zwingend und kann daher durch den Erblasser auch nicht mittels Verfügung von Todes wegen wegbedungen oder eingeschränkt werden[423].

304 Die Massnahmen des Willensvollstreckers unterliegen daher der Beschwerde[424]. Gegenstand der Beschwerde sind getroffene, beabsichtigte oder unterlassene Handlungen (Verfügungen, Verpflichtungen, Prozesshandlungen) des Willensvollstreckers[425]. Zu den Beschwerdegründen, die seitens der Erben gegen einen missliebigen Willensvollstrecker geltend gemacht werden können, hat das Obergericht Zürich festgehalten:

> *«Grundsätzlich ist davon auszugehen, dass es im Rahmen der Testierfreiheit des Erblassers liegt, ob er einen Testamentsvollstrecker bestimmen will. Tut er dies, haben sich die Erben darein zu schicken, seine Person und seine Handlungen hinzunehmen. Eine Grenze findet die Unterordnung der Erben unter die Anordnungen des Willensvollstreckers nur, wo diese gegen den letzten Willen des Erblassers oder zwingende gesetzliche Bestimmungen verstossen.*

---

[422] Vgl. BRUNO DERRER, Die Aufsicht der zuständigen Behörde über den Willensvollstrecker und den Erbschaftsliquidator, Diss. Zürich 1985, S. 3 ff.; HANS RAINER KÜNZLE, Der Willensvollstrecker, Zürich 2000, S. 394 ff.; in gleichem Sinne BGE 48 II 518; BGE 66 II 150, E. 2; ZK-ESCHER [1960], Art. 518 N 3; BK-TUOR [1952], Art. 518 N 7.

[423] BSK-KARRER [2003], Art. 518 N 97 und Art. 595 ZGB N 20; vgl. auch Kantonsgericht Graubünden, 19.1.2004, PKG 2003 Nr. 34.

[424] BGE 74 I 425; DRUEY [2002], § 14 Rz. 46 ff.; TUOR/SCHNYDER/SCHMID/RUMO-JUNGO [2002], S. 626.

[425] KÜNZLE, a.a.O. [Fn. 422], S. 400 und 402, mit einer Überblick über die Kasuistik.

Alsdann hat die Aufsichtsbehörde auf Begehren der gesetzlichen oder eingesetzten Erben hin einzugreifen.[426]»

Der Willensvollstrecker handelt zweckmässigerweise im Einvernehmen mit Erben und Vermächtnisnehmern, soweit dies möglich ist, ist aber deren Weisungen nicht unterworfen. Der Alleinerbe oder die einstimmig handelnden Erben können also weder den Willensvollstrecker abberufen noch ihm Weisungen erteilen, die von den Anordnungen des zu vollstreckenden Testaments abweichen[427]. Allerdings gibt es keine amtliche Intervention, wenn der Willensvollstrecker im Einvernehmen mit sämtlichen am Nachlass beteiligten Personen vom Testament abweicht[428]. Willensvollstrecker und Erben sind nicht verpflichtet, die Aufsichtsbehörde über Fortgang und Modalitäten der Nachlassabwicklung zu informieren[429]. 305

Das Nahestehen des Willensvollstreckers zu den im Testament hauptbegünstigten Personen und seine Mitwirkung bei der nachlassplanerischen lebzeitigen Ausgestaltung dieser Begünstigung gilt im schweizerischen Recht nicht als relevante Interessenkollision und bildet für sich allein genommen keinen Absetzungsgrund[430]. – KARRER erwähnt als Fälle relevanter Interessenkollisionen, die in der Rechtsprechung die Absetzung des Willensvollstreckers zu begründen vermochten, die notarielle Mitwirkung des Willensvollstreckers an der Errichtung der letztwilligen Verfügung, bei der ein notarieller Fehler gemacht wurde, ferner die Position des Willensvollstreckers als Erbschaftsgläubiger[431]. 306

---

[426] Obergericht Zürich, 23.9.1991, ZR 91 (1992/93) Nr. 46, S. 172 ff., 175.
[427] Vgl. DRUEY [2004], § 14 Rz. 36.
[428] Vgl. PETER BREITSCHMID, Stellung des Willensvollstreckers in der Erbteilung, in: Praktische Probleme der Erbteilung, Bern 1997, S. 145 f., wobei BREITSCHMID darauf hinweist, dass Auflagen zugunsten Dritter und Bedingungen gemäss Art. 482 ZGB auch gegen den gemeinsamen Willen von Willensvollstrecker und Erben zu respektieren sind.
[429] Vgl. BSK-KARRER [2003], Art. 595 ZGB N 20.
[430] Vgl. CHRISTIAN BRÜCKNER, Schweizerisches Beurkundungsrecht, Zürich 1993, Ziff. 1638, mit Verweis auf die abweichende Rechtslage in Deutschland, wo sich der beurkundende Notar nicht als Willensvollstrecker einsetzen lassen kann; vgl. auch DRUEY [2002], § 14 Rz. 73.
[431] BSK-KARRER [2003], Art. 518 N 104 f. Die Position des Willensvollstrecker als Erbschaftsgläubiger dürfte freilich nur in Extremfällen zu einem relevanten In-

307 Soweit der Erblasser konkrete Teilungsvorschriften aufgestellt, insbesondere die Zuweisung bestimmter Sachen an einzelne Erben angeordnet hat, ist der Willensvollstrecker zu deren Vollzug verpflichtet[432]. Im Übrigen hat er – entgegen dem missverständlichen Wortlaut von Art. 518 Abs. 2 ZGB – keine Teilungskompetenzen, sondern kann den Erben nur *Vorschläge* (Teilungspläne und Einzelvorschläge) machen[433]. Wenn er daher den Erben eine Frist zur Anerkennung seines Teilungsvorschlags oder zur Klageerhebung ansetzt mit der Androhung, bei Fristversäumnis werde die Teilung gemäss Vorschlag durchgeführt, so kann dies die Rechte der Erben weder in formeller[434] noch in materieller Hinsicht einschränken[435]. Falls einzelne oder alle Erben sich zum Teilungsplan nicht äussern oder diesen ablehnen, entsteht eine unbefriedigende Situation, die gelöst werden muss, auch wenn kein Erbe die Teilungsklage erhebt. Doktrin und Praxis haben verschiedene Lösungsansätze entwickelt[436].

---

teressenkonflikt führen, wird doch der Willensvollstrecker allein schon aufgrund seiner Honorarforderung jedenfalls zum Erbschaftsgläubiger (vgl. dazu auch hinten Rz. 313).

[432] MATTHIAS STEIN-WIGGER, Verbindlichkeit und Durchsetzbarkeit erblasserischer Teilungsvorschriften, AJP 2001, 1135, 1143; vgl. allerdings auch 1139 f., wonach der Willensvollstrecker bei Einigkeit sämtlicher Erben von den erblasserischen Teilungsvorschriften abweichen müsse; im gleichen Sinne BSK-SCHAUFELBERGER [2003], Art. 607 N 5 und 9; TUOR/SCHNYDER/SCHMID/RUMO-JUNGO [2002], S. 676 f.

[433] PETER BREITSCHMID, Stellung des Willensvollstreckers in der Erbteilung, in: Praktische Probleme der Erbteilung, Bern 1997, S. 110 ff.; DRUEY [2002], § 14 Rz. 68 f. und 78; JOST [1960], S. 18 ff.; BSK-KARRER [2003], Art. 518 N 52 f. und 62; SEEBERGER [1993], S. 25 ff.; vgl. auch Verwaltungsgericht Basel-Stadt, 19.5.2003, BJM 2005 79. – Erbenvertreter und Erbschaftsverwalter haben überhaupt keine Teilungskompetenzen, können aber ebenfalls Vorschläge machen: vgl. DRUEY [2002], § 14 Rz. 19 und 21.

[434] Legitimation zur Teilungsklage; vgl. vorn Rz. 205 ff.

[435] BGE 102 II 97, 102; Kantonsgericht Graubünden, 1.4.2003, PKG 2003 Nr. 35; DRUEY [2002], § 16 Rz. 6 und 33 f.; BSK-KARRER [1998], Art. 518 N 63 f.; STEIN-WIGGER [2001], a.a.O. [Fn. 432], 1143 ff., m.w.H.; vgl. auch Art. 18 Abs. 1 lit. b GBV; vgl. demgegenüber BK-TUOR [1952], Art. 518 N 17; BK-TUOR/PICENONI [1959/1964], Art. 604 N 1d; ZK-ESCHER [1960], Art. 518 N 19.

[436] KARRER möchte dem Willensvollstrecker die Aktivlegitimation zur Erbteilungsklage zuerkennen: BSK-KARRER [2003], Art. 518 N 66. Die überwiegende Lehre verneint aber richtigerweise eine solche Legitimation des Willensvollstreckers: SPYCHER [2005], a.a.O. [Fn. 286], S. 37; STEIN-WIGGER [2001], 1145, m.w.H.; FLÜ-

Der Katalog der – bundesrechtlich zwar nicht ausdrücklich geregel- 308
ten, jedoch ausschliesslich Bundesrecht unterstehenden[437] – Aufsichtsmassnahmen umfasst primär **administrative Massnahmen**, nämlich

(a) die Erteilung von (rechtlich unverbindlichen) Empfehlungen an den Willensvollstrecker,

(b) die Erteilung von (verbindlichen) Weisungen bzw. von Verboten an den Willensvollstrecker, wozu auch die Aktenedition und die Auskunftserteilung gemäss den vorn (Rz. 28 ff.) formulierten Rechtsbegehren gehört,

(c) seine administrative Absetzung bei unverschuldeter Unfähigkeit (im Gegensatz zur disziplinarischen Absetzung bei verschuldeter Unfähigkeit[438]).

Die Beschwerdeführer können bei der Aufsichtsbehörde auch konkrete behördliche Massnahmen beantragen wie z.B. die Sperrung von Bankkonten, eine Grundbuchsperre, eine Fristansetzung gegenüber dem Willensvollstrecker zur Durchführung einer bestimmten Handlung oder die Aufhebung einer bestimmten Verfügung des Willensvollstreckers[439].

Die Beschwerdeführer können ferner **disziplinarische Massnahmen** 309
beantragen. Es ist alsdann Sache der Aufsichtsbehörde, zu entscheiden, ob sie ein Disziplinarverfahren einleitet; die Antragsteller haben dabei keine Parteistellung. Der Katalog von Disziplinarmassnahmen umfasst unter anderem:

(a) den Verweis,

(b) die Ermahnung oder Verwarnung,

CKIGER [2004], a.a.O. [Fn. 29], S. 92; vgl. die Hinweise bei BSK-KARRER [2003], Art. 518 N 84, m.w.H.

[437] BGE 66 II 148, 150; BGE 90 II 376, 383; DERRER, a.a.O. [Fn. 422], S. 28; BSK-KARRER [2003], Art. 595 ZGB N 28.

[438] Vgl. dazu hinten Rz. 309 lit. f.

[439] Zu letzterer vgl. Kantonsgericht Graubünden, 1.4.2003, PKG 2003 Nr. 35. Zum Ganzen vgl. die Zusammenstellung der Aufsichtsmittel mit Verweisen auf Rechtsprechung und Literatur bei BSK-KARRER [2003], Art. 595 N 28 ff.; KÜNZLE, a.a.O. [Fn. 422], S. 406 ff.

(c) die Ordnungsbusse,

(d) die Verzeigung gemäss Art. 292 StGB,

(e) die vorübergehende Einstellung im Amt, und

(f) die definitive disziplinarische Absetzung bei schuldhaften Pflichtverletzungen, jedoch nur in Fällen schwerwiegender Umstände, unter denen der Erblasser, wenn er noch leben würde, die Einsetzung des Willensvollstreckers ebenfalls widerrufen hätte[440].

Kann die Aufsichtsbehörde den Willensvollstrecker unter bestimmten Voraussetzungen absetzen, so muss es ihr auch möglich sein, festzustellen, dass die Willensvollstreckung im Sinne der Umsetzung des erblasserischen Willens abgeschlossen sei, und die sich daraus ergebenden Anordnungen (auf Vorlegung eines Schlussberichts, Herausgabe der Nachlassakten, Übertragung des Nachlassvermögens) zu treffen[441].

310 In krassen Fällen kann die Aufsichtsbehörde auch von Amtes wegen (bzw. auf Anzeige Dritter hin) einschreiten[442], wobei dafür natürlich faktisch erforderlich ist, dass sie überhaupt vom Sachverhalt Kenntnis erhält.

311 **Gerichtsstand:** Die **örtliche Zuständigkeit** liegt am letzten Wohnsitz des Erblassers, und zwar sowohl für die Beschwerde an die Aufsichtsbehörde als auch für das gerichtliche Vorgehen aus Art. 18 Abs. 1 GestG[443]. Der Ort der Testamentseröffnung und der Wohn- oder Geschäftssitz bzw. Handlungsort des Willensvollstreckers sind für die örtliche Zuständigkeit unerheblich.

312 Geht es um Handlungen und Unterlassungen des Willensvollstreckers oder um Interessenkollisionen, die vom Testator nicht voraus-

---

[440] BGE 90 II 384 ff.; vgl. BSK-KARRER [2003], Art. 518 N 103 f.; KÜNZLE, a.a.O. [Fn. 422], S. 408 f.
[441] Kantonsgericht Graubünden, 19.1.2004, PKG 2003 Nr. 34.
[442] Vgl. DRUEY [2002], § 14 Rz. 49; ZK-ESCHER [1960], Art. 518 N 24; BSK-KARRER [2003], Art. 518 N 98 mit Verweisen auf Literatur und Rechtsprechung, sowie Art. 595 ZGB N 23; KÜNZLE, a.a.O. [Fn. 422], S. 399.
[443] ZK-GRÜNINGER [2001], Art. 18 GestG N 24; BSK-KARRER [2003], Art. 518 N 106 und Art. 595 ZGB N 32; KÜNZLE, a.a.O. [Fn. 422], S. 396; BSK-SPÜHLER [2001], Art. 18 GestG N 2.

gesehen und nicht gewollt gewesen sein konnten, so ist eine **Beschwerde an die Aufsichtsbehörde** zu erheben[444]. Das EGZGB Basel-Stadt enthält keine Ausführungsbestimmungen zu Art. 518 ZGB. Diejenigen zu Art. 595 ZGB bezeichnen das Erbschaftsamt als die «zuständige Behörde», d.h. als die in erster Linie gemäss dieser Norm zur Erbschaftsverwaltung berufene Instanz. Hieraus wird abgeleitet, dass Willensvollstrecker in Nachlässen mit letztem Erblasserwohnsitz im Kanton Basel-Stadt nicht vom Erbschaftsamt, sondern unmittelbar von der Aufsichtsbehörde über das Erbschaftsamt beaufsichtigt werden, nämlich vom «*Zivilgerichtsausschuss als Aufsichtsbehörde über das Erbschaftsamt*»[445]; an diesen sind Beschwerden gegen baselstädtische Willensvollstrecker zu richten[446]. – Das Erbschaftsamt Basel-Stadt verneint eine eigene Aufsichtszuständigkeit gegenüber Willensvollstreckern. Auch die Rechtsmittel zur Anfechtung einer Entscheidung der Aufsichtsbehörde und die dabei einzuhaltenden Fristen unterstehen dem kantonalen Recht; letztinstanzlich ist die staatsrechtliche Beschwerde an das Bundesgericht oder die zivilrechtliche Nichtigkeitsbeschwerde, nicht jedoch die Berufung, zulässig[447].

Wird Absetzung des Willensvollstreckers wegen eines Interessenkonflikts oder wegen Eigenschaften des Willensvollstreckers verlangt, die bereits dem Testator bekannt gewesen sein mussten und von ihm gewollt waren, so ist das Absetzungsbegehren als **Anfechtung einer Testamentsklausel** zu qualifizieren und an das für die Testamentsungültigkeitsklage zuständige **Zivilgericht** zu richten[448].

---

[444] DRUEY [2002], § 14 Rz. 73; BSK-KARRER [2003], Art. 518 N 105, m.w.H.
[445] Adresse wie Zivilgericht.
[446] § 19 GOG BS; § 139 Abs. 2 und 147 Abs. 3 EGZGB BS; vgl. KÜNZLE, a.a.O. [Fn. 422], S. 394 f.
[447] BSK-KARRER [2003], Art. 518 N 108 und Art. 595 ZGB N 5; KÜNZLE, a.a.O. [Fn. 422], S. 412 ff.
[448] Vgl. DRUEY [2002], § 14 Rz. 73; BSK-KARRER [2003], Art. 518 N 105; KÜNZLE, a.a.O. [Fn. 422], S. 391 f. und 409; Aufsichtsbehörde über das Erbschaftsamt Basel-Stadt, 20.4.1989 in Sachen W.H., BJM 1990, S. 83 ff., 85, mit Verweis auf BGE 90 II 376, 384; in gleichem Sinne Obergericht Thurgau, 20.9.1988, Rechenschaftsbericht des Obergerichts des Kantons Thurgau 1989 IV, S. 67 f. – Aufgrund der prozessualen Erschwernisse, welche diese Gabelung des Rechtswegs mit sich bringt, sollte die Zuständigkeit des ordentlichen Zivilgerichts allerdings

314 **Aktivlegitimation:** Jede an der Erbschaft materiell beteiligte Person[449], also die gesetzlichen und eingesetzten Erben und die Vermächtnisnehmer; ferner die Erbschaftsgläubiger[450]. Richtigerweise sind auch die von einer Auflage (Art. 482 Abs. 1 ZGB) begünstigten Personen aktivlegitimiert. Aktivlegitimiert sind auch provisorische oder virtuelle Erben. Die Beschwerdeerhebung gilt in der Regel auch nicht als Einmischung in Nachlassangelegenheiten i.S.v. Art. 571 Abs. 2 ZGB[451]. Nicht aktivlegitimiert sind hingegen die Erwerber von Erbanteilen oder der geschiedene Ehegatte des Erblassers[452].

315 Umstritten ist, ob der Willensvollstrecker selber aktivlegitimiert ist, die Aufsichtsbehörde anzurufen, um Weisungen einzuholen oder ein von ihm beabsichtigtes Geschäft genehmigen zu lassen[453].

316 **Passivlegitimation:** Der Willensvollstrecker[454].

317 **Befristung:** Von Bundesrechts wegen ist die Beschwerde gegen den Willensvollstrecker an keine Frist gebunden[455]. Sie unterliegt daher den besonderen und subsidiär den allgemeinen Regeln des kantonalen Rechts bezüglich Beschwerdeführung in zivil- und verwaltungsrechtlichen Angelegenheiten[456]. Im Kanton Basel-Stadt gilt eine zehntägige Frist[457].

---

 auf extreme Ausnahmefälle beschränkt bleiben, während im Zweifelsfall die Aufsichtsbehörde zuständig bleiben sollte. Immerhin lässt die Rechtsprechung sogar die Einsetzung eines Erben als Willensvollstrecker zu: BGE 5P.199/2003, 12.8.03.

[449] BGE 90 II 383.
[450] BSK-KARRER [2003], Art. 518 N 99; KÜNZLE, a.a.O. [Fn. 422], S. 398 f.; DERRER, a.a.O. [Fn. 422], S. 28–30, mit Zusammenfassung der herrschenden Lehre, die sich für die Legitimation der Gläubiger ausspricht, gegenüber einer Gruppe abweichender Lehrmeinungen.
[451] BSK-KARRER [2003], Art. 595 ZGB N 24 f.
[452] KÜNZLE, a.a.O. [Fn. 422], S. 399.
[453] Pro: DRUEY [2002], § 14 Rz. 49; BSK-KARRER [2003], Art. 518 N 93, 99 und 101 sowie Art. 595 N 27, m.w.H.; contra: KÜNZLE, a.a.O. [Fn. 422], S. 399, m.w.H.
[454] Vgl. BSK-KARRER [2003], Art. 518 N 100 und Art. 595 ZGB N 26.
[455] BSK-KARRER [2003], Art. 518 N 108 i.V.m. Art. 595 N 34; vgl. auch Bezirksgericht Zürich, SJZ 21 [1924/1925], S. 11, 12.
[456] ZK-ESCHER [1959], Art. 518, N 26; BK-TUOR [1952], Art. 518 N 29.
[457] § 139 Abs. 2 EGZGB BS.

Rechtsbegehren: 318

Verschiedene Formulierungen sind denkbar; beispielsweise: *«Der Beschwerdebeklagte sei anzuweisen, bis spätestens zum ... [Nennung des verlangten Handelns]»;* oder: *«Dem Beschwerdebeklagten sei zu untersagen ...».*

Hat der Willensvollstrecker sein beabsichtigtes Vorgehen in einer 319
Verfügung gegenüber den Erben und Legataren eröffnet (wozu er kompetent ist), so ist die Beschwerde als eine solche gegen die betreffende Verfügung zu formulieren: *«Es seien die Verfügung [oder: es seien Ziffern X und Y der Verfügung] des Beschwerdebeklagten vom ... [Datum] aufzuheben, und es sei der Beschwerdebeklagte anzuweisen ... [es folgt das gewünschte Handeln]».*

Erläuterung: Zur Rechtsnatur der «Verfügung» des Willensvollstre- 320
ckers vgl. vorn (Rz. 303 f.).

Da es sich bei den Beschwerden gegen den Willensvollstrecker um 321
Aufsichtsbeschwerden handelt, kommt ihnen grundsätzlich keine aufschiebende Wirkung zu. Will der Beschwerdeführer unverzüglichen Rechtsschutz, so muss er von der Aufsichtsbehörde einstweiligen Rechtsschutz auf dem Wege einer vorsorglichen Verfügung verlangen.

Als Beschwerdegründe können grundsätzlich nur administrative 322
Pflichtverletzungen bzw. Fehler im formellen Vorgehen des Willensvollstreckers beim Vollzug des Erblasserwillens vorgebracht werden, nicht dagegen Fragen der Testamentsgültigkeit und der Testamentsauslegung[458].

Soweit die Gültigkeit und der Inhalt des Testamentes streitig sind, ist 323
der ordentliche Zivilrichter zuständig. Zur Klärung von Testamentsauslegungsfragen kommt je nach den Umständen eine Feststellungsklage *(z.B.: «Es sei festzustellen, dass die Klägerin gemäss Ziff. 4 des Testamentes ... als Erbin zu einem Viertel, nicht als Vermächtnisnehmerin an der Erbschaft des X. beteiligt ist»)* oder eine Leistungsklage in Frage *(z.B.: «Der Beklagte [= Willensvollstrecker] sei zu verurteilen, der Klägerin die Liegenschaft L gemäss Ziff. 4 des Testamentes ...*

---

[458] Vgl. BSK-KARRER [2003], Art. 518 N 98 i.V.m. Art. 595 N 22.

als Vorausvermächtnis herauszugeben, und der Grundbuchverwalter in X. sei anzuweisen, die Klägerin als Alleineigentümerin der Liegenschaft L einzutragen.»)

324 Zur Grenzziehung zwischen aufsichtsrechtlich beschwerdefähigem Testamentsvollzug und zivilprozessual zu klärender Testamentsauslegung ist Folgendes zu sagen: Weicht der Willensvollstrecker vom offensichtlichen und eindeutigen Sinn des Testaments ab, so liegt eine aufsichtsrechtlich zu rügende Pflichtverletzung vor. Kann eine testamentarische Anordnung in guten Treuen verschieden ausgelegt werden, so ist der Streit hierüber im ordentlichen Zivilprozess zu führen, denn die Aufsichtsbehörde hat keine Kognitionsbefugnis hinsichtlich materieller Rechtsfragen, die in endgültiger und dauernder Weise ein zwischen den Parteien streitiges zivilrechtliches Verhältnis regeln[459]. In einen solchen Zivilprozess sind neben dem Willensvollstrecker auch jene weiteren Erben und Vermächtnisnehmer als Beklagte einzubeziehen, deren Rechtsstellung durch die Auslegungsstreitigkeit betroffen wird; sie sind die eigentlichen Beklagten, während der Willensvollstrecker kraft seiner Prozessstandschaft[460] am Prozess auf der Beklagtenseite teilnimmt. Die Aufsichtsbehörde wird sich bei der Grenzziehung zwischen Vollzugsfehler und Auslegungsstreitigkeit Zurückhaltung auferlegen und die Sache im Zweifelsfalle als Auslegungsfrage dem ordentlichen Zivilrichter zum Entscheid überlassen.

325 **Anhang: Haftpflichtrechtliche Belangung des Willensvollstreckers** — Schadenersatzansprüche gegen den Willensvollstrecker wegen fehlerhafter Amtsausübung sind mit einer Verantwortlichkeitsklage an dessen *Wohnsitz* geltend zu machen[461], wobei Erben und Vermächtnisnehmer bezüglich der Verjährung ihrer Schadenersatzforderung wie Vertragsgläubiger, geschädigte Nachlassgläubiger wie Deliktsgläubiger behandelt werden[462].

---

[459] Kantonsgericht Schwyz, 21.5.2002, SJZ 100 [2004] 141; vgl. auch Kantonsgericht Graubünden, 19.1.2004, PKG 2003 Nr. 34.
[460] Vgl. hiezu vorn Rz. 255, lit. d.
[461] ZK-Escher [1960], Art. 518 N 14.
[462] Derrer, a.a.O. [Fn. 422], S. 104 f. Allgemein zur Haftung des Willensvollstreckers aus Art. 398 OR analog vgl. BSK-Karrer [2003], Art. 518 N 109 ff.

16. Beispiel einer kombinierten Teilungs-, Ausgleichungs- und Herabsetzungskonstellation (2 Klagen)

Zum Abschluss sei eine Konstellation dargestellt, bei der mehrere Dinge streitig sind.

Sachverhalt: Der Erblasser E hinterlässt vier gleichberechtigte Nachkommen als Erben, nämlich A, B, C und D. Seine Freundin F ist nicht erbberechtigt.

Der Sohn D hat vor 20 Jahren zu seiner Heirat einen Ausstattungsbetrag von CHF 200 000.– erhalten. Die Freundin F hat 1993, zwei Jahre vor dem Tod des Erblassers, dessen Liegenschaft in Ascona geschenkt erhalten; der heutige Wert dieser Liegenschaft wird von den Erben auf CHF 800 000.– geschätzt.

Am Todestag finden sich im Vermögen des Erblassers folgende Aktiven:

- 400 Aktien der N.-AG mit einem Börsenkurswert von je CHF 2000.–, Gesamtwert des Paketes also CHF 800 000.–;
- ein Gemälde von Robert Zünd mit einem Schätzwert von CHF 40 000.–;
- ein Einfamilienhaus in Basel mit einem Verkehrswert von CHF 560 000.–, belastet mit einer Hypothek von CHF 400 000.–.

A will teilen. Er beansprucht die Herabsetzung der Schenkung an F und die Ausgleichung des Vorempfangs des D.

Der jüngste Bruder D bestreitet die Ausgleichungspflicht. Die Freundin des verstorbenen Vaters F bestreitet die Herabsetzungspflicht und macht schon vorprozessual geltend, das Haus in Ascona sei höchstens CHF 600 000.– wert. Der Bruder B will keinen Streit und verhält sich passiv. Die Schwester C will nicht teilen und macht geltend, die Pietät gegenüber dem verstorbenen Vater verbiete es, den Nachlass aufzuteilen oder einzelne Gegenstände zu veräussern. Das Andenken des Vaters müsse geehrt, sein Einfamilienhaus in Basel als Familienmuseum in ungeteilter Erbengemeinschaft weitergeführt werden.

332 Bevor die Klagebegehren des A dargestellt werden, sind die rechnerischen und materiellrechtlichen Gegebenheiten zu erörtern. Gemäss den obigen Angaben hat das nachgelassene Reinvermögen einen Wert von CHF 1 000 000.–. Die gegebenenfalls der Herabsetzung unterliegende lebzeitige Zuwendung hat einen Wert von CHF 600 000.– bis 800 000.–. Obwohl Frau F als Nichterbin nicht ausgleichungsberechtigt ist[463], ist der Vorempfang des D von 1975 in der Höhe von CHF 200 000.– auch im Herabsetzungsprozess von Belang, indem er der Herabsetzungs-Berechnungsmasse hinzuzurechnen ist[464]. Der für die Pflichtteilsberechnung massgebende Gesamtwert beläuft sich somit je nach Wert der Liegenschaft in Ascona auf CHF 1 800 000.– bis CHF 2 000 000.–, die hievon berechnete Viertelsquote jedes Erben auf CHF 450 000.– bis 500 000.–. Der Pflichtteil des Klägers A dürfte demnach zwischen CHF 337 500.– und CHF 375 000.– liegen, je nach der Bewertung, die sich im Prozess für die Liegenschaft in Ascona ergibt.

333 Würde sich der Kläger mit seinem Viertel der nachgelassenen Erbschaft begnügen, so erhielte er wertmässig einen Viertel von CHF 1 000 000.–, nämlich 100 N.-AG Aktien im Wert von CHF 200 000.–, dazu einen Viertel des Veräusserungserlöses des Gemäldes von Robert Zünd und des Einfamilienhauses in Basel, d.h. CHF 50 000.–, in bar, insgesamt also einen Erbanfall im Werte von CHF 250 000.–. Seinen Ausgleichungsanspruch gegenüber dem Bruder D kann A durch Klagenhäufung im Erbteilungsprozess geltend machen, der mit den Geschwistern zu führen ist. Die Differenz zu seinem Pflichtteil, dessen Wert, wie oben gesagt, zwischen ca. CHF 337 500.– und CHF 375 000.– liegt, muss er durch den Herabsetzungsprozess von F hereinholen.

334 Der Kläger A wird gemäss Art. 612 Abs. 2 ZGB die Veräusserung der beiden Einzelobjekte (Gemälde und Einfamilienhaus) beantragen. Die Versteigerung dieser Objekte wird der Teilungsmasse einen

---

[463] Vgl. vorn Rz. 149 f. Auch im Falle einer Erbeinsetzung wäre Frau F als nichtgesetzliche Erbin nicht ausgleichungsberechtigt.
[464] Vgl. vorn Rz. 62.

Nettoerlös von ungefähr CHF 200000.– zuführen, wobei der genaue Betrag bei Klageeinreichung noch nicht bekannt ist. Diese Ungewissheit führt dazu, dass bei Klageeinreichung auch noch unbekannt ist, in welchem Umfange die Schenkung der Liegenschaft Ascona herabgesetzt werden muss.

Unter diesen Umständen muss A *zwei separate Klagen* einreichen, nämlich eine Teilungsklage (kombiniert mit einschlägigen Ausgleichungsbegehren) gegen seine Geschwister B, C und D sowie eine Herabsetzungsklage gegen F, beide Klagen am forum hereditatis. **Die Rechtsbegehren können folgendermassen lauten:**

335

I. Teilungsklage des A gegen seine Geschwister B, C, D:

336

«A. Feststellung der Teilungsgrundlagen

1. Es sei der Nachlass des am ... verstorbenen E festzustellen, d.h. es sei festzustellen, dass der Nachlass die im erbschaftsamtlichen Inventar aufgeführten Aktiven und Passiven mit einem Netto-Inventarwert von CHF 1 000 000.– umfasst, und es sei der Teilungswert des Nachlasses nach Durchführung der in den Rechtsbegehren ... verlangten Teilungshandlungen festzustellen.

2. Es sei festzustellen, dass der Kläger und die drei Beklagten je zu einem Viertel die Erben des E sind.

B. Feststellung der Ausgleichungspflicht des D

3. Es sei festzustellen, dass die im Jahre 1975 erfolgte Schenkung von CHF 200000.– durch den Erblasser an den Beklagten D eine ausgleichungspflichtige Zuwendung darstellte, die der für die Erbteilung zwischen dem Kläger A und dem Beklagten D massgeblichen Berechnungsmasse hinzuzuzählen und an den Erbteil des Beklagten D anzurechnen ist.

4. Es sei der Erbteil des Klägers A aufgrund der gemäss Klagebegehren 3 vergrösserten Berechnungsmasse zu berechnen, und es sei festzustellen, dass der Kläger berechtigt ist, den dadurch in Erschei-

nung tretenden Mehrwert seines Erbteils in der Erbteilung zulasten des Erbteils des Beklagten D zu beanspruchen.

C. Antrag auf Teilungshandlungen (Vollzug)

5. *Es seien das Gemälde von Robert Zünd und die Liegenschaft Grundbuch Basel, Sektion ..., Parzelle ..., auf dem Wege der öffentlichen Versteigerung zu veräussern, unter Tilgung der hypothekarischen Belastung im Zuge der Versteigerung.*

6. *Es seien anschliessend vier Lose zu bilden, wobei jedem Los 100 Aktien N.-AG sowie ein Geldbetrag gemäss den hienach beantragten Modalitäten zuzuweisen ist.*

7. *Den Losen der Beklagten B und C seien je ein Viertel der vorhandenen Barmittel zuzuweisen, dem Kläger A ein Viertel zuzüglich CHF 50 000.– und dem Beklagten D ein Viertel abzüglich CHF 50 000.–.*

8. *Die so gebildeten Lose seien den Parteien gerichtlich zuzusprechen.»*

337 ## II. Herabsetzungsklage des A gegen Frau F:

«A. Feststellung der Berechnungsgrundlagen

1. *Es sei festzustellen, dass die von E hinterlassene Erbschaft einen Wert von CHF 1 200 000.– aufweist, und dass der Pflichtteil des Klägers 3/16 beträgt.*

2. *Es sei die von der Beklagten am 1. März 1993 erhaltene Schenkung der Liegenschaft Grundbuch Ascona, Nr. ..., herabzusetzen, soweit dies zur Wahrung des Pflichtteils des Klägers erforderlich ist.*

3. *Demgemäss sei die Beklagte zu verurteilen, dem Kläger einen vom Gericht festzusetzenden Geldbetrag zuzüglich Zins zu 5 % ab Klageeinleitung zu bezahlen, wobei der Geldbetrag so festzusetzen ist, dass der Kläger seinen Pflichtteil von 3/16 der um den Wert der erwähnten Liegenschaft vermehrten Erbschaft des Erblassers ungeschmälert erhält.*

4. Zu diesem Zwecke sei der der Teilungswert der Erbschaft zuzüglich der der Ausgleichung und/oder Herabsetzung unterliegenden lebzeitigen Zuwendungen festzustellen, soweit erforderlich durch gerichtliche Einholung eines Bewertungsgutachtens für die erwähnte Liegenschaft, und es sei auf der Grundlage des so ermittelten Gesamtwertes der Umfang des klägerischen Pflichtteils von 3/16 und der zulässige Maximalwert der beklagtischen Begünstigung festzulegen.

Erläuterung: Die beiden Prozesse sind getrennt zu führen, weil die Parteien auf der Beklagtenseite verschieden sind. Es geht die Herabsetzungsbeklagte F nichts an, ob und wie die gesetzlichen Erben miteinander teilen. Hingegen geht es sie etwas an, wie die am Todestag des Erblassers vorhandene Erbschaft berechnet und bewertet wird, weil sich dies auf den Umfang ihrer Herabsetzungspflicht auswirkt. Aus diesem Grunde muss der Umfang der Erbschaft auch im Herabsetzungsprozess festgestellt werden. Dabei kann eine in anderen Prozessen zwischen anderen Beteiligten (hier: im Erbteilungsprozess zwischen den gesetzlichen Erben) erfolgte «Feststellung der Erbschaft» nicht präjudiziell sein. Es ist theoretisch möglich, den massgebenden Umfang und Wert der gleichen Erbschaft in verschiedenen Zivilprozessen gegen verschiedene Beklagte verschieden zu berechnen und festzustellen. 338

In der vorliegenden Konstellation drängt es sich nicht auf, in der Herabsetzungsklage dem Wahlrecht der Herabsetzungsbeklagten Rechnung zu tragen. Will F wider Erwarten in natura einwerfen, so kann sie mit ihrer Klagebeantwortung ein entsprechendes Begehren stellen. Die Problematik ist die, dass die Erben B, C und D von dieser Herabsetzung nichts wissen wollen und aus diesem Grunde nicht dazu verhalten werden können, sich an der Rücknahme des Schenkungsgegenstandes zu beteiligen. Der Schenkungsgegenstand ist seinerseits so werthaltig, dass es schwer denkbar ist, dem Kläger die Übernahme der Liegenschaft und die Leistung einer Ausgleichungszahlung an die Beklagte F zuzumuten. 339

Das hier gegebene Beispiel ist illustrativ für viele andere Erbstreitigkeiten: Oft sind die Streitwerte zu klein, die prozessualen Komplikationen, Kosten und Risiken zu gross, als dass sich das Ausprozessieren der Konflikte rechtfertigt. Kompromisse sind fast immer die 340 bessere Lösung, auch wenn erhebliche Abstriche von berechtigten Ansprüchen in Kauf genommen werden müssen. Aber zuweilen sind es erst die mit der Klage glaubwürdig dokumentierte Bereitschaft, den Fall notfalls durchzuprozessieren, und die Autorität des Instruktionsrichters an der Referentenaudienz, welche die renitenten Gegenparteien an den Verhandlungstisch bringen und einen vertretbaren Vergleich ermöglichen.